AF499584

My Journey to the Columbus Memorial Places Spain. 1928

Washington Irving
1828, August

(Bilingual Edition)

Edited by
Casa Sinapia Ediciones
2012

Mi viaje a los Lugares Colombinos
España. 1928

Washington Irving
Agosto 1828

(Edición Bilingüe)

Edición de
Casa Sinapia Ediciones
2012

EDITED BY
CASA SINAPIA EDICIONES
2012

TRANSLATORS
ENRIQUE MYRO MONTES, ALEJANDRO SOLBAS NARANJO

DESIGNED BY
JOSÉ RAMÓN LANDERAS CASTAÑO, JORGE ABAD

COVER DESIGNED BY
AGNES FONG

ILUSTRATIONS
J. SARABIA

ATTRIBUTIONS
CASA SINAPIA EDICIONES
(WWW.CASASINAPIAEDICIONES.ES)

ALMERÍA, SPAIN
2012

ISBN: 978-84-398-3613-1

EDICIÓN DE
CASA SINAPIA EDICIONES
2012

TRADUCTORES
ENRIQUE MYRO MONTES, ALEJANDRO SOLBAS NARANJO

DISEÑO
JOSÉ RAMÓN LANDERAS CASTAÑO, JORGE ABAD

DISEÑO DE PORTADA
AGNES FONG

ILUSTRACIONES
J. SARABIA

ATRIBUCIONES
CASA SINAPIA EDICIONES
(WWW.CASASINAPIAEDICIONES.ES)

ALMERÍA, SPAIN
2012

ISBN: 978-84-398-3613-1

Index

Índice

Presentation

James Perrin,

Cultural Attaché

US Embassy in Spain, 1980's

On reading this delightful account of Washington Irving's travels to Palos de la Frontera and its environs, I must confess that my primary response is not one of literary or even historical appreciation. It is rather one of regret (touched with more than a bit if envy) that these hectic days of the last 20th century no longer permit an American Cultural Attaché such a leisurely tour of one of the most attractive and historically important regions of Spain.

In the early 19th Century, of course, the functions of a Cultural Attaché was far different from what it is now. In fact, it is only by extending considerable literary and historical license that we can considerer Washington Irving to have been a Cultural Attaché, as such, during that first extended stay in Spain. Irving was 43 years old in 1826 and had already acquired a major literary reputation when he was "attached" to the United States Embassy in Madrid for the decidedly non-diplomatic purpose of translating the "Colección de los

Presentación

James Perrin,
Agregado Cultural
Embajada de Estados Unidos en España, 1980's

Al leer este delicioso y ameno relato de los viajes de Washington Irving a Palos de la Frontera y sus alrededores, debo confesar que mi primera impresión no fue literaria ni histórica, sino más bien un sentimiento de añoranza (no exento de una pequeña dosis de envidia), debido a que un Agregado Cultural, en estos agitados días de finales del siglo XX, ni le sea permitido el placer de realizar un delicioso y detenido recorrido por una de las regiones más atractivas, e históricamente importante, de España.

Es obvio que en los comienzos del siglo XIX, las funciones de un Agregado Cultural eran bastantes diferentes de lo que son ahora. De hecho, sólo empleando una amplia licencia literaria e histórica, podemos considerar a Washington Irving como Agregado Cultural, oficialmente lo fue, durante su primera estancia prolongada en España. En 1826, a la edad de 43 años, y cuando gozaba ya de una acreditada reputación literaria, fue "agregado" a la Embajada de Estados Unidos en Madrid con el exclusivo, no diplomático, propósito de traducir la "Colección de los

Viajes y Descubrimientos de Colón" by Don Martín Fernandez de Navarrete.

Reading about the three years that Irving lived and worked in Spain as "Attaché", I have found ample accounts of his scholarly research in Madrid, of his travels throughout Andalusia and of his long sojourn within the walls of the Alhambra, but I have been unable to come across even reference to his ever having set foot in the U.S. Embassy.

At any rate, if we are stretching a point to say that Washington Irving was Cultural Attaché, he was attached to the U.S. Embassy for reasons that were most decidedly cultural and I, for one, am more than pleased to consider him as one of earliest incumbents of the diplomatic position that I now have the honor to hold.

I am all the more ready to forgive him his relaxed way of life, his freedom from bureaucratic burdens and his many opportunities to explore this marvelous country to which he had been assigned, when I contrast it whit he four years he was later to spend in Spain himself with the many political intrigues that marked that era, to as U.S. Ambassador. Then, at the age of 60, he was forced to busy an extent that seems to have

Viajes y Descubrimientos de Colón", del autor don Martín Fernández de Navarrete.

En los estudios que he realizado acerca de los tres años que Irving vivió y trabajó en España como "Agregado", he encontrado abundante documentación sobre sus eruditas investigaciones en Madrid y sus viajes por toda Andalucía, así como del tiempo que residió dentro del recinto de la Alhambra, pero no he podido obtener ni una mínima referencia sobre si de verdad, llegó a poner alguna vez un pie en la Embajada de los Estados Unidos.

De todos modos, si admitimos que Washington Irving fue Agregado Cultural, en realidad fue enviado aquí por razones exclusivamente culturales, en lo que a mí concierne me siento más que satisfecho al considerarle como uno de los primeros responsables de la posición diplomática que ahora me toca el honor de ocupar.

Sin embargo estoy dispuesto a perdonarle la relajada vida, su despreocupación por las cargas burocráticas y las muchas oportunidades que tuvo para explorar este maravilloso País al cual había sido agregado durante su primera visita, cuando lo comparo con los cuatros años que más tarde vivió en España como Embajador. Entonces, trece años más tarde ya cumplidos los sesenta años, se vio obligado a

precluded any serious attempts to continue his literary activities or to savor the many attractions of the Spanish provinces he had so enjoyed before.

Thus, while, Irving eventually did become a diplomatic in fact as well as in title (and apparently an exceedingly competent one at that), it is primarily his earlier accomplishments in Spain that inevitably draw our attention to this Attaché blessedly unattached to his Embassy. During this period, Irving's imagination seems to have been totally captured by the history, folklore and physical attractions of his newly discovered Spain, and his literary output was devoted solely to Hispanic themes that most fortuitously coincide with – and no doubt fed – the rising interest in Spanish culture that was taking place in both England and North America.

In retrospect, Washington Irving may seem a minor talent compared to other literary figures of the American and Spanish 19 th Century. Yet, looking at the current edition of "Books in Print", it is starling to note that some 58 of his works are still available – and, of these, some ten deal with Spanish themes.

ocuparse de las muchas intrigas políticas que marcaron aquella época, hasta el extremo de impedirle cualquier intento serio de continuar sus actividades literarias o de disfrutar de los muchos atractivos de las provincias españolas que él había gozado con anterioridad.

Por ello, aunque finalmente Irving se convirtiera en un diplomático tanto de hecho como de derecho (y a todas luces más que competente en su cargo), es su actividad en España durante su primer periodo la que principalmente llama nuestra atención sobre este Agregado que por suerte para él, no se sintió encadenado a su Embajada. Durante dicho periodo, la imaginación de Irving parece haber estado totalmente absorbida por la historia, el folklore y los atractivos naturales de su recién descubierta España, por lo que su producción literaria estuvo dedicada en exclusividad a temas hispánicos, que por suerte coincidió – y sin duda él contribuyó a ello – con el creciente interés que por la cultura española por entonces tuvo lugar tanto en Inglaterra como en Norteamérica.

Mirándolo con retrospectiva, Washington Irving parece un talento de menor importancia comparado con otras figuras literarias americanas y españolas del siglo XIX. Sin embargo si consultamos la actual edición de "Libros Editados", es sorprendente ver que cincuenta y ocho de sus obras

The works for which he is best remembered today are, without doubt, his first major success, “The Sketch Book”, and his last, “The tales o the Alhambra”. It would be fatuous to debate which of this works has greater merit: the earlier volume, largely remembered or the tales of his native New York, or the later one, which drew so extensively upon the folklore of Andalusia. And somehow, however, it pleases me it imagine that Irving's memories of his earliest days as a diplomat, and of the Spanish countryside he had explored and loved so well, must have held a special personal enchantment for him during his peaceful last years as a revered literary figure in his native New York.

James Perrin

Cultural Attaché

United States Embassy, Madrid

están todavía disponibles en los anaqueles de nuestras librerías, y de ellas diez son sobre temas hispánicos.

Las dos obras por las que hoy sin duda más se le recuerda, son su primer gran éxito, "El Libro de los Bocetos", y el último, "Los Cuentos de la Alhambra". Sería de poca utilidad entrar en un debate acerca de cuál de estas dos obras es la más importante, si la primera, tan apreciada por los relatos de su Nueva York natal, o la segunda en la que de forma tan precisa describe el folklore de Andalucía. Sin embargo, de algún modo, me complace imaginar que los recuerdos que Irving guardara de sus primeros años como diplomático de la región andaluza que había conocido y amado tanto, tuvieran para él un encanto especial durante sus apacibles últimos años de vida, ya reconocido como una importante figura literaria en su Nueva York natal.

James Perrin

Agregado Cultural

Embajada de los EE.UU., Madrid.

Introduction

The small work that you have in your hands was carried out thinking that its edition would be limited to a few copies typed to distribute among friends, but today thanks to the new technologies, its repercussion is going to reach a much larger audience. Nevertheless, we would like these lines to keep the character of its original readers.

At times, we happen to follow the steps of some obscure and not well- known character without taking notice of others who are far much interesting and who have been in front of us for a long time. Just as well that our friend Cecilia Bohl de Faber (Fernan Caballero) had the idea of giving him to read her manuscript "La Familia Alvareda"; otherwise, Mr. Irving would still be wondering about the streets of Seville arm in arm with Miss Clara Penney without our noticing his presence.

While studying the Seville of the second quarter of the 19th century in search of the adventures of Mr. Frank H. Standish in the surroundings of La Giralda, we ran into a book by Doña Cecilia, at this time only an amateur writer but the queen of the Sevillian literary society under the name of Marchioness of Arco

Introducción

Realmente, la pequeña obra que tenéis en las manos se llevó a cabo pensando que su edición se limitaría a unos cuantos ejemplares mecanografiados para repartir entre los amigos. Aunque hoy, gracias a las nuevas tecnologías, puede alcanzar una audiencia mucho mayor, sin embargo no nos gustaría que estas líneas y sobre todo el posterior relato de Irving sobre su viaje a los Lugares Colombinos, perdieran el carácter amistoso con que ambos fueron escritos.

A veces en la vida se anda tras un oscuro y recóndito personaje sin caer en la cuenta de otros mucho más interesantes, que llevan largo tiempo paseándose delante de nosotros. Menos mal que a nuestra amiga Cecilia Bohl de Faber, posteriormente Fernán Caballero, se le ocurrió darle a leer el manuscrito de "La familia Alvareda", que si no todavía Mr. Irving seguiría paseándose del brazo con Miss Clara Penney por las calles de Sevilla, sin que nos hubiésemos dado cuenta de su presencia.

Estudiando la Sevilla del segundo cuarto del XIX en busca de las andanzas de Mr. Fran H. Standish por los alrededores de La Giralda, acudimos a leer a doña Cecilia, por aquellos tiempos sólo escritora aficionada pero eso sí, la reina de la sociedad literaria sevillana como Marquesa de

Hermoso. It was Julio Rodriguez Luis, in his introduction to the work, who gave us the clue of the strolls of Mr. Irving in this part of Andalusia[1].

In 1926 Clara Penney published the personal diary of Mr. Irving for the years 1828-1829 which had apparently been among our fore-fathers[2]. The subject promised to be interesting and after long but successful inquiries in The National Library in Madrid, we finally got the microfilm of the diary.

We became hugely surprised and happy when we found out that Washington had really been to Seville from 14 April 1828 to 1 May 1829, except for the two summer months that he was on holiday in the Puerto de Santa Maria. That diary, rather a working agenda, contained a precise yet brief reference of the whereabouts of his author during those thirteen months.

Once we hit upon such an interesting subject, poor Mr. Standish was laid aside waiting for better chances, nor without thanking him for having led us to

---

1 Julio Rodriguez Ed. Cátedra 1975.

2 "Washington Irving Diary, Spain 1828-1829" Ed. Clara L. Penney. The Hispanic Society of America, New York 1926.

Arco-Hermoso. Y fue Julio Rodríguez quien en su introducción a la obra de la fugaz marquesa quien nos dio la pista sobre las correrías de Washington Irving en la Baja Andalucía[1].

En 1926, Clara Penney dio a la luz el diario personal inédito de Mr. Irving correspondiente a los años 1828 – 1829 que, aparentemente pasó entre nuestros abuelos[2]. *El tema apuntaba interés y tras largas pero eficaces gestiones, conseguimos el microfilm del texto de dichos Diarios, de la Biblioteca Nacional en Madrid.*

Nuestra sorpresa y alegría a su vez fue grande al comprobar que efectivamente don Washington había pasado en Sevilla desde el 14 de abril de 1828 hasta el 1 de mayo del 1829 con la excepción de dos meses que se fue de veraneo en el Puerto de Santa María. Aquél Diario, más bien agenda de trabajo, nos aportaba una precisa aunque escueta referencia de todo lo que su autor hizo durante aquellos trece meses.

Ante lo interesante del tema, el pobre Mr. Standish quedó aparcado en espera de mejores tiempos para él, no

---

1 *Julio Rodriguez Ed. Cátedra 1975.*

2 *"Washington Irving Diary, Spain 1828-1829" Ed. Clara L. Penney. The Hispanic Society of America, New York 1926.*

meet the Wetherell, the Williams, The Beck, the Merry, the Bohl de Faber, etc., all of them formed the social circle in which Mr. Irving, our new personage, used to get around in Seville[3].

Even recognizing the superficial knowledge that we had about the character of Washington Irving, what surprised us most was to get to know that, according to his diary, he hired a calessa in the middle of a hot summer, 11 August 1828, and set off to visit the Columbus Memorial Places (Moguer, Palos and La Rábida) at the South of Spain.

In the Washington Irving Library, run by the United States Cultural Center in Madrid, we had the opportunity to read the excellent biography of our author written by S.T. Williams[4], and we found out the explanation we needed: Washington Irving, the leading American writer of his time, already well known by his "Sketch Book", Tales of a Traveler, and "Bracebrigde Hall", was also the first one to write about Spain on the other side of the Atlantic.

3 As a result of their studies on M. Standish, E. Myro / F. Hidalgo published the work "Sevilla Revisited", Sevilla 1991

4 "The life of Washington Irving" Stanley Thomas Williams. Octagon Books, 1971.

sin dejar constancia de nuestro agradecimiento a su persona que nos permitió el conectar con los Wetherell, Williams, Beck, Merry, Bohl de Faber, etc., que obviamente iban a formar el circulo social sevillano por el que se movería Mr. Irving, nuestro nuevo personaje[3].

Quizás por el superficial conocimiento que de la figura de Washington Irving teníamos al iniciar los estudios sobre su estancia entre nosotros, debemos reconocer la extrañeza que nos produjo el que en pleno verano, de acuerdo con su diario, Irving, el 11 del caluroso agosto de 1828, alquilara una calesa y se fuera a conocer los Lugares Colombinos (Moguer, Palos y La Rábida) en el sur de España.

En la magnífica biografía del personaje publicada por S. T. Williams[4], *encontramos la clave. Washington Irving, el escritor norteamericano más importante de su época, ya famoso por su "Sketch Book", sus "Cuentos de Viajes" y su "Bracebridge Hall", fue no solo el primer escritor norteamericano que se interesara por España, convirtiéndose así en el primer líder del Hispanismo, sino que*

---

3 *Consecuencia de los Estudios sobre Mr. Standish es la obra "Sevilla Revisitada", E. Myro / F. Hidalgo. Sevilla, 1991.*

4 *"The life of Washington Irving" Stanley Thomas Williams. Octagon Books, 1971.*

Irving had always felt a special attraction for everything related to Spanish. As he used to admit, since he used to read during his youth by the banks of the Hudson River the works of Perez de Hita about the gallantry of the Spanish knights[5], Spain always had a place in his romantic feelings. Thus, in 1826 when his friend Everett, United States Ambassador in Madrid at that time, offers him the post of Cultural Attaché and THE JOB of translating for the American scholars the recently published works on Christopher Columbus by Martín Fernández Navarrete[6], he did not hesitate to accept it and promptly settled down in the Spanish Capital.

However, his romanticism, his faithful feelings towards the discovery of his continent and the magnificent library of Mr. Rich, his General Consul in Madrid, rich in Spanish American resources, led him to face a more ambitious accomplishment: Why should he translate Navarrete and should not write a work of his own

---

5 Gines Perez de Hita was a poet and writer of the sixteenth century, author among other notable works of the famous "Civil Wars of Granada".

6 Martin Fernandez Navarrete, 1765-1844, was a Spanish sailor and writer, belonging to the Royal Academy. His most important works were "Life of Cervantes" and "Spanish Collection of Travel"

además y desde lo más profundo de sus sentimientos, Irving se sentía un escritor colombino.

De siempre había sentido una atracción especial por todo lo español. Como él mismo confesaba, desde que leyera en su juventud a las orillas del Hudson, los libros de Pérez de Hita sobre los galantes caballeros españoles[5], el tema hispánico había sido una constante en sus sentimientos románticos. Por ello cuando en 1826, su amigo Everett, embajador de los Estados Unidos en España, le ofrece el cargo de agregado cultural en Madrid para que tradujera para los norteamericanos la obra que sobre Colón estaba publicando Fernández Navarrete[6], nuestro Irving no lo dudó un instante y de forma inmediata se instaló en la capital española.

Pero su romanticismo, su apasionamiento por la gesta que supuso el descubrimiento de su continente y la soberbia biblioteca que sobre temas hispanoamericanos poseía Mr.

---

5 *Ginés Pérez de Hita fue un poeta y escritor del siglo XVI, autor entre otras notables obras de la famosísima "Guerras Civiles de Granada".*

6 *Martín Fernández Navarrete, 1765-1844, fue un marino y escritor español, perteneciente a la Real Academia. Sus obras más importantes fueron "Vida de Cervantes" y "Colección de Viajes de Españoles".*

on the great navigator?

It took him two years to write it[7], leading almost a monastic life in Madrid and after some disputes with his English editor Murray, he finally had the news of the publication its successful appearance in European and American bookshops. By then he was tired, became rich and above all, he desired to inspect the Archives of the Indians in his eagerness to find out more about his personage. Thus, after a romantic tour: Córdoba – Granada – Malaga – Gibraltar and Cadiz, he came down to Seville on April of 1828.

At first, he told his brother Peter in a letter, he would not stay more than a fortnight in the city of the Guadalquivir but he soon realized his hastiness of his saying this, and it took him fourteen months to leave La Giralda.

Meanwhile Washington Irving spent his time revising his first biography's version, consulting El Archivo de Indias, writing new annexure to his work, attending the literary gathering and visiting the natural surroundings of the Andalucía's capital.

7 "A history of the Life and Voyages of Christofer Columbus" Washington Irving. Murray, Londres, 1828.

Rich, su cónsul general en Madrid, le hicieron plantearse un objetivo más ambicioso. ¿Por qué traducir a Navarrete y no escribir una obra original sobre el Gran Navegante?

Dos años llevando una vida casi monacal en su residencia madrileña le llevó el escribir la obra[7], y tras algunas disputas con su editor inglés, por fin la supo con éxito en las librerías europeas y norteamericanas. Estaba cansado, tenía dinero y además quería consultar el Archivo de Indias sevillano para seguir buscando a su personaje. Dando un rodeo iniciático por Córdoba, Granada, Málaga, Gibraltar y Cádiz, en abril de 1828 se instaló en Sevilla.

Al principio, según confesó por carta a su hermano Peter, no esperaba estar en la ciudad del Guadalquivir más allá de quince días pero poco tardó en darse cuenta de lo apresurado de su afirmación, y catorce meses le costó abandonar La Giralda.

Corrigiendo la primera edición de su biografía de Colón, consultando "El Archivo de Indias" y escribiendo apéndices para su obra, entre tertulias y excursiones campestres por los alrededores, gastó don Washington su estancia en la capital andaluza.

---

7 *"A history of the Life and Voyages of Christofer Columbus" Washington Irving. Murray, Londres, 1828.*

Obviously, deepening in his main character's personality and the surroundings of his achievement, arose within him the need to know the scene of his magna departure, and in spite of his numerous friends, this trip he wanted to make by himself, a sort of Peregrination to Mecca". Being a deep Hispanist and a good American, Washington Irving had become besides a "Columbus Writer".

However, according to the general tone of the diary, the references to those days of the journey were extremely brief, which seemed to be not very logical. The deep feelings aroused in his visit to those landscapes that we could feel from the diary, must have been reflected somewhere else and so it was. His own diary would confirm it, because we could read in it that a couple weeks later he wrote a letter to his friend Mlle. Bolvillier, a niece of the Russian Ambassador in Madrid.

In this letter, he described his sensations about the journey and he must have been so satisfied about it that he decided to add it as an appendix to his work on Columbus, with no alterations and under the title "A Visit to Palos". From the 1868 edition, thanks to the kindness of Miss Lynn Shirey of Harvard University, we

Lógicamente sus progresos en el conocimiento de su personaje y el entorno de su gesta, le provocaron la necesidad sentimental de conocer el escenario de la magna partida, y a pesar de los muchos amigos que ya tenía, ese viaje a modo de "Peregrinación a la Meca", lo quiso hacer solo. Siendo un profundo Hispanista y un buen Americano, Washington Irving se había convertido en un "Escritor Colombino".

Sin embargo de acuerdo con el tono general de su diario, las referencias de aquellos días eran demasiado escuetas, lo cual no tenía lógica. Las intensas emociones que por el texto se intuía que Irving había sentido al visitar aquellos parajes, las tuvo necesariamente que reflejar en algún escrito y así fue. Las anotaciones de días después en el Diario nos lo corroborarían; un par de semanas más tarde leíamos en él que le había escrito una carta a su amiga la Srta. Bolvillier, sobrina del embajador ruso en Madrid, contándole sus impresiones acerca de la excursión.

Tan satisfecho debió quedar de la carta, que se decidió a publicarla tal cual estaba escrita, en otro de los apéndice de su obra sobre Colón, con el título de "Una Visita a Palos". De la edición de 1868, y gracias a la amabilidad de Miss Lynn Shirey de la Universidad de Harvard,

could obtain a photocopy of that narrative[8].

When reading "A Visit to Palos" we faced a great problem, which was solved a few days later and about which we must give some explanations.

In order to write about Washington Irving's journey to the Columbus Memorial Places we drew on two basic sources: on the one hand the brief and quickly written diary of the author which was nevertheless so rich in fresh sensations and insight sketches; on the other hand, the more elaborated appendix where Mr. Irving, seated at his desk, used to tell his intimate Russian friend the strong feelings awaken by the people and the places visited. What should be done? Which one should we give to the public, being both sources so different but at the same time so complementary?

We thought that such an important event as the visit of the father of the American letters to the Columbus Memorial Places required to be popularized by an easy reading; therefore, setting aside the scientific strictness, we decided to recompose both texts and publish what could have been the Diary of Washington Irving if

8 "A Visit to Palos" Ap. "Life and Voyages of Columbus", 4 v., Washington Irving. Putman, New York, 1893.

pudimos conseguir una fotocopia de dicho texto[8].

Cuando leímos "Una Visita a Palos" se nos planteó un gran dilema que resolvimos a los días y de cuya solución debemos dar algunas explicaciones.

Para poder contar la venida de Washington Irving a Los Lugares Colombinos disponíamos de dos textos fundamentales: por un lado el escueto y apresurado diario del autor, el cual sin embargo era rico en espontáneas improntas y perspicaces registros; y por otro el apéndice, más elaborado, donde Mr. Irving, sentado en su despacho, le contaba a su íntima amiga rusa las profundas impresiones que le habían hecho sentir las personas y los escenarios visitados. ¿Qué hacer, cuál dar a la luz si siendo tan distintos, ambos textos eran tan complementarios?

Bajando un poco la guardia del rigor científico y en aras de una más fácil lectura y mayor difusión de un acontecimiento tan importante como la visita del padre de las letras norteamericanas a los Lugares Colombinos, decidimos recomponer ambos textos dar a la luz lo que pudiera haber sido el Diario de Washington Irving si hubiese tenido tiempo y sosiego para escribirlo.

---

8 *"A Visit to Palos" Ap. "Life and Voyages of Columbus", 4 v., Washington Irving. Putman, New York, 1893.*

he had had time and calmness to write it down.

In order to be faithful to the sources, we have used a different type of print for each text: a normal one for that taken from the appendix "A Visit to Palos" and from diary and **in bold type for that taken only from the Diary**.

With this work, we hope to make a small contribution to the memory of the Colossal Prowess, which caused radical changes in the old continent life and represented an outstanding accomplishment in the World History.

With our best intention, we have attempted to stand out the character of the writer Washington Irving deeply concerned with everything related to Columbus, but we would not like to finish these friendly lines without remarking the enthusiasm that he felt for Andalusia after the period that he lived with us.

In all of the more than eighty letters, he wrote from our country, there is no question about the admiration and affection he felt for our people, as well as the profound knowledge that he gained from the Andalusian character. Fascinated with Granada, THE Al-

A fin de mantener la fidelidad a las fuentes, hemos un tipo de letra para cada texto; letra normal para el texto que proviene del apéndice "Una Visita a Palos" y coincide con el Diario, y **letra negrilla para el texto que sólo aparece en el Diario**.

Esperamos con esta obra hacer una aportación a la memoria de aquella trascendente Gesta que supuso un cambio radical en la vida del Viejo Continente y una aportación fundamental en la Historia del Mundo.

Con nuestra mejor voluntad hemos intentado destacar el carácter profundamente colombino que tuvo la personalidad de Washington Irving como escritor, pero no quisiéramos terminar estas cortas notas sin hacer una observación al ferviente andalucismo que profesó a partir del año y pico que vivió entre nosotros.

A lo largo de las más de ochenta cartas personales que escribió desde Andalucía, el cariño y la admiración por nuestro pueblo es incuestionable, así como el profundo conocimiento que llegó a tener de la idiosincrasia andaluza. No en vano escribiría más tarde, fascinado con Granada, la Alhambra y la herencia andalusí, su obra más famosa: "Los Cuentos de la Alhambra".

hambra, and the Moorish inheritance, he ended up his famous work "Tales of Alhambra".

Being so long the list of romantic travelers, most of them English, during the XIX century, who dared to write thick books and treaties about our character and costumes, staying only few weeks with us and frequently not even knowing our language, we think it is interesting to discover, the complete Andalusia works of Washington Irving. He was not a mere tourist or traveler but a real resident in our region, and in his narratives, we can find an objective mirror where we can look at our ancestors and ourselves as well.

Enrique Myro

Ante la avalancha de viajeros románticos, sobre todo ingleses, durante el siglo XIX que con sólo escasas semanas de estancia en Andalucía, en la mayoría de los casos sin conocer el español, fueron capaces de publicar libros y tratados sobre la idiosincrasia y costumbres de los andaluces, creemos que merece la pena recuperar la obra andaluza de Washington Irving, habitante de nuestro pueblo, que no turista ni visitante. En ella sin duda, encontraremos un cariñoso pero objetivo espejo donde mirar a nuestros abuelos y lógicamente, a nosotros mismos.

Enrique Myro

Monday, August 11

I had breakfast with John Wetherell[9]: afterwards I made an arrangement with "calesero" for fifteen dollars[10] to take me to Moguer and back.

I had long meditated this excursion, as a kind of pious and, if I may so say, filial duty of an American, and my intention was quickened when I learnt that many of the edifices mentioned in the "History of Columbus"[11] still remained in nearly the same state in which they existed at the time of his sojourn at Palos.

---

9 Johnny Wetherell, as he was known in Seville, was the son of Nathan Wetherell, the frustrated starter of the Industrial revolution in Seville and the owner of the famous tannery of Saint Diego, located in the old Convent of the same name. In its place was afterwards constructed the Casino of the Exposition. John was born English but became Sevillian by heart and education. He helped his father in his industrial business but at the same time he was dedicated to Sevillian history and archaeological studies and he became an authority in this matter.

10 15 dollars in 1828 had approximately the same purchasing power that US$ 270/ 205 in 2012.

11 See note 2.

Lunes, 11 de agosto

Desayuné con John Whetherell[9] y poco después hice un trato con un calesero(*) para que me llevara y trajese a Moguer por quince duros[10].

Durante mucho tiempo llevo pensando hacer esta excursión como si se tratara de un deber piadoso y hasta casi filial para un americano, máxime cuando he sabido que varios de los edificios mencionados en mi "Historia de Colón"[11], permanecen todavía casi en el mismo estado en que se encontraban cuando el Almirante estuvo en Palos.

---

9 *Juanito Wetherell, como se le conocía en Sevilla, era hijo de don Nathan Wetherell, promotor frustrado en la revolución industrial sevillana y propietario de la famosa Curtiduría de San Diego ubicada en el Convento del mismo nombre que se levantaba aproximadamente donde posteriormente se construyó el casino de la Exposición. John, inglés por nacimiento pero sevillano por educación y afecto, ayudó a su padre en sus actividades empresariales a la vez que como estudioso de la historia y de la arqueología.*

10 *15 duros en 1828 tenían aproximadamente el mismo poder adquisitivo que 205 /270 $ en 2012.*

11 *Ver nota 2.*

The very evening before my departure, I heard that there was a young gentleman of the Pinzón family studying law in Seville. I got introduced to him and found him of most prepossessing appearance and manners. He gave me a letter of introduction to his father, Don Juan Hernández Pinzón, resident of Moguer and the present head of the family.

As it is in the middle of August and the weather intensely hot, we set off, late in the day, to avoid the noontide heat.

We drove through Triana whence came Rodrigo[12], who first saw America, pass over hills with vineyards, olives and figs, and ascend the lofty range of hills that borders the great valley of the Guadalquivir. In spite of the early hour **the sun was very powerful** and we had a rough ride among their heights.

We descended about twilight into one of those vast, silent, melancholy plains, frequent in Spain. We beheld no other signs of life than a roaming flock of bustards and a distant herd of cattle, guarded by a soli-

12 It has been afterwards proved with absolute certainty that Rodrigo de Triana was born in Lepe (Huelva).

Lunes, 11 de agosto

Justo la tarde antes de mi partida, supe que se encontraba en Sevilla, estudiando Derecho, un joven del a familia de los Pinzón. Conseguí que me lo presentaran y me ha causado una excelente impresión por su apariencia y por la simpatía de su trato, además me dio una carta de presentación para su padre Juan Hernández Pinzón, residente en Moguer y actual cabeza de la familia.

Como estamos a mediados de agosto y el tiempo es terriblemente caluroso, partimos bastante tarde con el fin de evitar las horas de calor del mediodía.

***Salimos por Triana, barrio donde nació Rodrigo[12], aquél que vio por primera vez la tierra americana, y cruzando unos campos con viñas, olivos e higueras**, ascendimos las majestuosas colinas que bordean el gran valle del Guadalquivir. A pesar de la hora de salida, **el sol era muy intenso** y tuvimos que soportar una fatigosa andadura por aquellos cerros.*

Ya casi entre dos luces, descendimos a una de esas llanuras inmensas, silenciosas y sombrías, tan frecuentes España. No se detectaba otra señal de vida que una errante bandada de avutardas y, a lo lejos, un rebaño custodiado

12 *Posteriormente se ha documentado con absoluta certeza que Rodrigo de Triana nació en Lepe (Huelva).*

Monday, August 11

tary herdsman, who, with a long pike planted in the earth, stood motionless in the midst of the dreary landscape, resembling an Arab of the desert. **The mountains in the distance, with the sun behind, seemed to be on fire**.

The carriage I hired is a two-wheeled one resembling a cabriolet, but of the most primitive and rude construction; the harness is profusely ornamented with brass and the horse's head decorated with tufts and tassels and dangling bobs of scarlet and yellow worsted which bounced as he walked. The calesero I had was a tall, long-legged Andalusian, in a short jacket, round-crowned hat, breeches decorated with buttons from hip to the knees and a pair of russet-leather botinas, or spatter-dashes. He was an active fellow, though uncommonly taciturn for an Andalusian and strode along beside his horse, rousing him occasionally to greater speed by a loud malediction or a hearty thwack of his cudgel.

A nine o'clock, the night had somewhat advanced when we stopped to repose for a few hours at a solitary "venta" or inn, if it might so be called, being nothing more **than a roof supported by great stone walls**, a vast stable, divided into several compartments for the reception of the troops of mules and "arrieros"

por un solitario pastor que a pie y sin moverse, con su cayado hincado en la tierra. En medio de aquél desolado paisaje se asemejaba a un árabe en el desierto. ***Al fondo, con el sol por detrás, la serranía parecía estar en llamas****.*

El carruaje que he alquilado es una calesa de dos ruedas parecida a un cabriolé pero de construcción más tosca y rudimentaria. Los arreos están profusamente adornados en bronce, y el caballo lleva su cabeza engalanada con borlas, campanillas y adornos de estambre rojo y amarillo, que se balancean al andar. El "calesero" es un andaluz alto, de largas piernas, vestido con chaquetilla corta, pantalones adornados con botones desde la cintura hasta las rodillas, botas cortas de cuero rojizo y un pequeño sombrero redondo. Es un sujeto diligente aunque demasiado poco hablador para ser andaluz. Anda a zancadas junto al caballo, haciéndole a veces aligerar el paso con una grosera maldición o con un sonoro golpe de su vara.

A las nueve, ya algo avanzada la noche, nos paramos a descansar por unas horas en una solitaria "venta" o posada, si es que se podía llamar así a algo que no era ***más que un techo soportado por unas grandes piedras que hacían de pared****, una gran cuadra, dividida en varios compartimientos para albergar a las cuadrillas de*

Monday, August 11

or carriers who carry on the internal trade of Spain.

Accommodation for the traveller there was none, not even for a traveller so easily accommodated as myself. The landlord had no food to give us and **we had to sup on a ham that I had brought.**

As to a bed, he had none but a horse-cloth, on which his only child, a boy of eight years old, lay naked on the earthen floor. Indeed, the heat of the weather and the fumes from the stables made the interior of the hovel insupportable, so **I was fain to sleep on an improvised bed with chairs and my cloak, at the door of the venta.**

In the evening we saw some muleteers passing by in the darkness, and during the night, we heard flocks go by, sheep bells, dogs and bulls.

"arrieros" o trajinantes que con sus mulas, son los que se encargan de transportar las mercancías por el interior en España.

En la venta no había acomodo alguno para viajeros, ni tan siquiera para uno tan poco exigente como yo. El ventero no tenía comida para darnos y ***tuvimos que cenar de un jamón que yo había traído conmigo.***

En cuanto a la cama, no había ninguna a excepción de una manta de caballería sobre la cual, echada en el suelo, dormía desnudo el único hijo del ventero, un niño de unos ocho años. Realmente el calor y el tufo de las cuadras hacían insoportable el interior de la casucha, ***con mucho gusto dormí a la puerta de la "venta" en un catre que me improvisaron con sillas y mi capa.***

Al anochecer, vimos pasar en la oscuridad una cuadrilla de muleros, y durante la noche oímos los cencerros de los rebaños de ovejas que pasaban, conducidos por los perros y los bueyes.

Monday, August 11

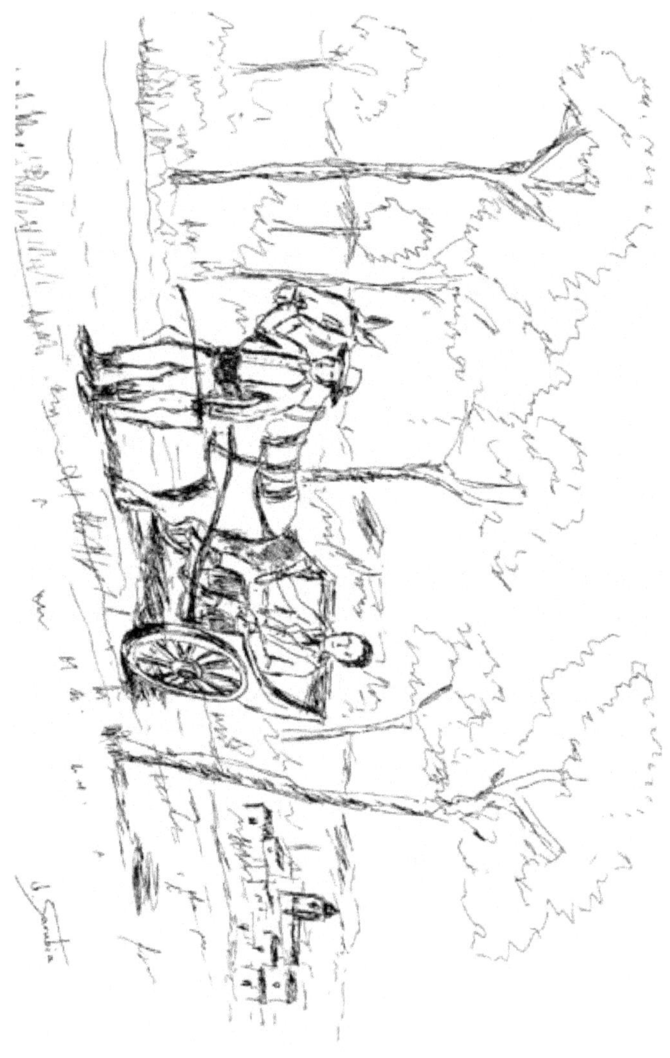

Lunes, 11 de agosto

Tuesday, August 12

On waking after two or three hours of sound sleep, I found a "contrabandista" or smuggler snoring beside me, with his blunderbuss on his arm.

We resumed our journey before break of day. **The road goes through a "triste" country with vines in some places. We saw a town with an old Moorish tower[13]. There is a complete silence, not hearing even the singing of birds.**

We arrived at Villarrasa[14] at nine thirty or ten. This is a large village where we stopped to pass the sultry hours of mid-day. **We left at three o'clock, once we had taken, once we had taken a**

13 This is probably Villalba del Alcor (Huelva). To be on the of a hill, the main road curiously did not go through this village. This is the reason why Irving saw it at the distance, passing through the cattle path which still exists and which is today known to be the "old road". From the "old road", it is still possible today to see the tower of the Convent - Church St. Bartholomew, originally a ribat Almohad, located on the highest part of village Villalba del Alcor is about 28 miles from Seville.

14 This village lies 9,3 miles from Villalba del Álcor and 40,3 miles from Seville.

Martes, 12 de agosto

Tras tres o cuatro horas de profundo sueño, me desperté con un "contrabandista" o matutero, durmiendo a mi lado abrazado a su trabuco.

Reanudamos nuestro viaje al romper el día. ***El camino atraviesa un "triste" paraje con algunos viñedos. Vimos un pueblo con una antigua torre árabe[13]. Hay un absoluto silencio no oye ni el canto de los pájaros.***

A eso de las nueve y media o las diez, llegamos a Villarrasa[14]*, un pueblo grande donde nos detuvimos para dejar pasar las sofocantes horas de calor del mediodía.* ***Partimos de nuevo a las tres, una vez que***

---

13 *Probablemente, se trata de Villalba del Alcor (Huelva). Al hallarse en un cerro, éste es un pueblo por el que, curiosamente, no pasaba el camino principal. Por ello Irving lo ve de lejos al pasar por la cañada, que es como todavía los lugareños llaman al camino antiguo. Desde el camino se ve la torre del Convento – Iglesia de San Bartolomé, originariamente un ribat almohade, situado en la parte más alta del pueblo. Villalba del Álcor está a aproximadamente 45 km de Sevilla.*

14 *Este pueblo se encuentra a una distancia de unos 15 km. de Villalba del Álcor y a unos 65 km de Sevilla.*

"siesta". I paid three reals for some eggs, grapes, etc.[15].

After passing through a country rich in vines but uninviting to the eye, we went by the old town of Niebla, with its Moorish walls and towers built round the crest of a rock[16].

We passed along rio Tinto which runs through thickets of rose laurels in flower. We saw two flocks of bustards. Before the end of our journey the calesa was overturned in a narrow defile.

We arrived in Moguer[17] just after sunset. This little city (for at present it is a city) is situated about a league from Palos[18], of which place I learnt that it has gradually absorbed all the respectable inhabitants and among the number, the whole family of the Pinzons.

---

15 Three reals in 1828 had approximately the same purchasing power that US$ 2,70 in 2012.

16 Today the historic center of this town remains walled in its entirety.

17 This village is 53 miles from Seville.

18 There are approximately 3,4 miles in a league.

Martes, 12 de agosto

hubimos dormido la "siesta". Pagué tres reales por unos huevos, uvas, etc.[15]

Después de atravesar una zona rica en viñas pero poco atractiva a la vista, pasamos por la antigua ciudad de Niebla, con sus murallas y torres moras construidas alrededor de la cima de un peñasco[16]***.***

Bordeamos el "río Tinto" que corre entra una maleza de laureles rosas en flor. Vimos un par de bandadas de avutardas. Poco antes de concluir el viaje la "calesa" volcó al cruzar un estrechamiento del camino paso.

Justo después de atardecer llegamos a Moguer[17]*. Esta pequeña ciudad (de momento aún conserva dicho título) está situada a una legua más o menos de Palos*[18]*, de donde según me han dicho, ha ido gradualmente absorbiendo a todos sus habitantes más importantes, de entre ellos a la*

---

15 *3 reales en 1828 tenían aproximadamente el mismo poder adquisitivo que 2 en 2012.*

16 *En la actualidad el casco histórico de este pueblo sigue amurallado en su totalidad.*

17 *Este pueblo se encuentra a una distancia de 85 km de Sevilla.*

18 *Una legua son aproximadamente 5,5 Km.*

Tuesday, August 12

So remote is this little place from the stir and bustle of travel and so destitute of the show and vainglory of this world, that my calesa, as it rattled and jingled along the narrow and ill-paved streets, caused a great sensation; the children shouted and scampered along by its side, admiring its splendid trappings of brass and worsted, and gazing with reverence at the important stranger who came in so gorgeous an equipage.

I drove up to the principal posada, the landlord of which was at the door. **This man with fair complexion, light hair and blue eyes**, was one of the very civilest men in the world and disposed to do everything in his power to make me comfortable;

There was only one difficulty, he had neither bed nor bedroom in his house. In fact, it was a mere venta for muleteers, who are accustomed to sleep on the ground with their mule-cloths for beds and pack-saddles for pillows. It was a hard case but there was no better posada in the place. Few people travel for pleasure or curiosity in these out-of-the-way parts of Spain and those on any note are generally received into private houses.

familia de los Pinzones.

Tan alejado está este pequeño lugar de la alborotada y bulliciosa ruta de los viajeros y tan falto de la ostentación y de las fastuosidades de este mundo, que mi calesa al tintinear ruidosamente por sus estrechas y mal pavimentadas calles, causó una gran sensación; los niños corrían y gritaban a su lado, asombrados con los llamativos adornos de estambre y bronce, y mirando con reverencia al importante visitante que llegaba en tan suntuoso vehículo.

Me dirigí a la posada principal, cuyo propietario se encontraba en la puerta de la misma. ***Este hombre de tez clara, ojos azules y pelo moreno claro****, me pareció uno de los hombres más educados del mundo, y rápidamente se dispuso a hacer todo lo que estaba a su alcance para que yo me sintiera confortable.*

Sólo había una dificultad, en su establecimiento no había ni cama ni dormitorio. De hecho, aquello era únicamente una venta para muleros, los cuales acostumbran a dormir en el suelo con las mantas de sus mulas como cama y los serones como almohada. La situación estaba difícil, al no existir otra posada mejor en la ciudad. Pocas personas son las que viajan por gusto o por curiosidad a estos lugares tan a tras mano de España, y aquéllos de cierta categoría

Tuesday, August 12

I had travelled sufficiently in Spain to find out that a bed, after all, is not an article of indispensable necessity and was about to bespeak some quiet corner where I might spread my cloak, when, fortunately, the landlord's wife came forth.

She could not have a more obliging disposition than her husband but then – God bless the women! – they always know how to carry their good wishes into effect. In a little while a small room, about six by one and half square feet, that had formed a thoroughfare between the stables and a kind of shop or bar-room, was cleared of a variety of lumber and I was assured that a bed should be put up there for me. From the consultations I saw my hostess holding with some of her neighbour gossips, I fancied the bed was to be a kind of piecemeal contribution among them, for the credit of the house.

As soon as I could change my dress I commenced the historical researches which were the object of my journey and inquired for the abode of Don Juan Hernández Pinzón. My obliging landlord himself volunteered to conduct me thither and I set off full of animation at the thoughts of meeting with a lineal representative of one of the coadjutors of Columbus.

que lo hacen, se hospedan por lo general en casas de particulares.

Por mi parte he viajado lo suficiente por España como para haber llegado a la conclusión de que, después de todo, una cama no es un artículo de indispensable necesidad. Ya estaba a punto de adelantarme y pedir un tranquilo rincón de la venta donde extender mi capa, cuando afortunadamente hizo su aparición la mujer del posadero.

No podía tener una disposición mejor que la de su marido pero, ¡Dios bendiga a las mujeres!, ellas siempre saben cómo llevar a cabo lo que se proponen. En un momento quitaron unos trastos viejos de una pequeña habitación de dos por medio metro cuadrados, que servía de pasillo entre las cuadras y una especie de tienda o taberna que había en la venta, y me aseguraron que allí iban a poner una cama para mí. De las deliberaciones que vi mantener a mi posadera con algunas de sus comadres vecinas, me imaginé que la cama iba a ser una especie de obra colectiva, llevada a cabo con las aportaciones de todos por el buen nombre de la casa.

Tan pronto como me cambié de ropa, quise comenzar las investigaciones históricas motivo de mi viaje y pregunté por la residencia de Don Juan Hernández Pinzón. Mi

Tuesday, August 12

A short walk brought us to the house, which was most respectable in its appearance, indicating easy, if not affluent, circumstances. The door, as is customary in Spanish villages, during summer, stood wide open. We entered with the usual salutation, or rather summons, "Ave María".

A trim Andalusian handmaid answered to the call and on our inquiring for the master of the house, led the way across a little patio or court, in the centre of the edifice, cooled by a fountain surrounded by shrubs and flowers, to a back court or terrace, likewise set out with flowers, **where Don Juan Hernández was seated with his family, at fresco**, enjoying the serene evening.

I was much pleased with his appearance. He is a venerable old gentleman, tall and somewhat thin, with fair complexion and gray hair. He received me with great urbanity and on reading the letter from his son appeared struck with surprise to find I had come quite to Moguer, merely to visit the scene of the embarkation of Columbus; and still more so on my telling him that one of my leading objects of curiosity was his own family connection; for it would seem that the worthy cavalier has troubled his head but little about the enterprises

servicial ventero se ofreció a guiarme y salí de la posada lleno de entusiasmo ante la idea de conocer a un descendiente directo de uno de los colaboradores de Colón.

Un corto paseo nos llevó a la casa cuya apariencia era de lo más respetable, indicativo de una holgada, si no opulenta, situación económica. La puerta, como es habitual en los pueblos de España durante el verano, estaba completamente abierta. Entramos con el saludo o más bien con la llamada de costumbre, "Ave María".

Nos contestó una agraciada criada andaluza nos contestó y después de preguntarle por el dueño, a través de un pequeño patio, situado en el centro de la casa y refrescado por una fuente rodeada de flores, nos condujo a una terraza trasera también llena de flores, donde **Don Juan Hernández estaba sentado con su familia, al "fresco"***, disfrutando de un tranquilo y placentero atardecer.*

Me gustó mucho el aspecto de Don Juan. Es un respetable caballero ya de edad, alto, algo delgado, de tez clara y pelo gris. Me recibió con mucha cortesía, y después de leer la carta de su hijo, se mostró muy sorprendido de que alguien viniera hasta Moguer con el único objeto de conocer el escenario de donde partió Colón, y más todavía cuando

of his ancestors.

I now took my seat in the domestic circle and soon felt myself quite at home, for there is generally a frankness in the hospitality of the Spaniards that soon puts a stranger at his ease beneath their roof. The wife of Don Juan Hernández was extremely amiable and affable, possessing much of that natural aptness for which the Spanish women are remarkable.

In the course of the conversation with them I learnt that Don Juan Hernández, who is seventy-two years of age, is the eldest of five brothers, all of whom live in Moguer and its vicinity, in nearly the same condition and rank of life as at the time of the discovery. This agrees with what I had previously heard respecting the families of the discoverers. Of Columbus no lineal and direct descendant exists; his was an exotic stock that never took deep and lasting root in the country; but the race of the Pinzons continues to thrive and multiple in its native soil.

While I was yet conversing a gentleman entered, who was introduced to me as Don Luis Hernández Pinzón, the youngest of the brothers. He appears to be between fifty and sixty years of age, somewhat robust,

le conté que uno de los motivos de mi interés estaba en relación con su propia familia, ya que al parecer este honorable caballero no se ha preocupado demasiado por las hazañas de sus antepasados.

Tomé asiento en la reunión familiar y pronto me sentí como si estuviera en mi propia casa. Con frecuencia la franca hospitalidad de los españoles hace que los extranjeros nos encontremos rápidamente a gusto en sus hogares. La esposa de Don Juan Hernández es muy amable y educada, y posee además el ingenio extraordinario de las mujeres españolas.

En el curso de la conversación me enteré que Don Juan tiene setenta y dos años, es el mayor de cinco hermanos, todos los cuales viven en Moguer o en sus alrededores, prácticamente al mismo nivel de vida que sus antepasados en tiempos del descubrimiento. Esto concuerda con lo que yo previamente había oído sobre las familias de los descubridores. Por el contrario, la de Colón fue una estirpe extraña que nunca echó raíces en ningún sitio y de la que no quedan descendientes directos; sin embargo los Pinzones continúan prosperando y multiplicándose en la tierra de sus mayores.

Estábamos todavía de conversación cuando entró un

with fair complexion and gray hair, and a frank and manly deportment. He is the only one of the present generation that has followed the ancient profession of the family, having served with great applause as an officer of the royal navy, from which he retired on his marriage, about twenty-two years since. He is the one, also, who takes the greatest interest and pride in the historical honors of his house, carefully preserving all the legends and documents of the achievements and distinctions of his family, a manuscript volume of which he had offered to me for my inspection. **He also tells me that unfortunately the Escribano de Palos is dead. He was very curious about Palos and had papers relative to its history.**

Don Juan now expressed a wish that, during my residence in Moguer, I would make his house my home. I endeavoured to excuse myself, alleging that the good people at the posada had been at such extraordinary trouble in preparing quarters for me that I did not like to disappoint them. The worthy old gentleman undertook to arrange all this, and, while supper was preparing, we walked together to the posada.

There I found that my obliging host and hostess had indeed exerted themselves to an uncommon degree.

caballero que me fue presentado como Don Luis Hernández Pinzón, el más joven de los hermanos de Don Juan. Parece tener entre cincuenta y sesenta años, es bastante robusto, de tez clara, pelo gris y con unas maneras llanas pero recias. Es el único de la presente generación que ha seguido la antigua profesión de la familia, habiendo servido como oficial de la Armada alcanzando una gran reputación, y de la cual se retiró al casarse, hace ahora veintidós años. También es el que se toma con más interés y afición los temas históricos de su casa, conservando todas las relatos y documentos relativos a las hazañas y honores concernientes a sus antepasados; posee un volumen manuscrito sobre el tema que me ha ofrecido para que lo consulte. ***Me dice también Don Luis, que lamentablemente murió "el Escribano de Palos", un estudioso de las cosas del pueblo, quien tenía muchos documentos relativos a su historia***.

En ese momento de la conversación, Don Juan expresó su deseo de que me alojara en su casa durante mi estancia en Moguer. Me intenté excusar alegando que la buena gente de la posada se había tomado tanto interés y molestias para instalarme en su establecimiento que no me gustaría desilusionarles. El digno y anciano caballero se comprometió a arreglarlo todo y, mientras se preparaba la mesa para la cena, fuimos juntos hasta la posada.

An old rickety table had been spread out in a corner of the little room as a bedstead, on top of which was propped up a grand "cama de luxo", or state bed, which appeared to be the admiration of the house. I could not, for the soul of me, appear to undervalue what the poor people had prepared with such hearty good-will, and considered such a triumph of art and luxury; so I again entreated Don Juan to dispense with my sleeping at his house, promising most faithfully to make my meals there whilst I should stay at Moguer; and as the old gentleman understood my motives for declining his invitation, and felt a good humored sympathy in them, we readily arranged the matter.

I returned, therefore, with Don Juan to his house, and supped with his family. **Sons and daughters of him and his brothers were present. I hear noise of closed doors. Maid servants come demanding keys**.

During the repast Don Juan volunteered to accompany me the following day to visit Palos and the convent La Rábida. We were to breakfast at a hacienda, or country seat, which he possesses in the vicinity of Palos and were to dine there on our return from the convent. **He sent to church of St. Clara to ask**

Martes, 12 de agosto

Allí nos encontramos con que mis serviciales posadero y posadera se habían esforzado hasta límites insospechados. Habían colocado una vieja mesa, a modo de somier, en un rincón de la pequeña habitación y sobre ella habían hecho una "cama de luxo" o cama de ceremonias, que era la admiración de toda la casa. En conciencia no podía dar la impresión de que no apreciaba el nivel de arte y lujo que aquella pobre gente había conseguido con tan sincera y buena voluntad; así que rogué a Don Juan que me dispensara de dormir en su casa, prometiéndole encarecidamente que comería con él mientras permaneciera en Moguer. Como el anciano caballero comprendió mis motivos para declinar su invitación y además se sentía satisfecho por la actuación de los posaderos, rápidamente solventamos la cuestión.

Volvimos a casa de Don Juan y cené con su familia. ***Estuvieron presentes algunos de los hijos e hijas de Don Juan y de sus hermanos. Oigo ruidos de puertas que se cierran. Las doncellas vienen a pedir las llaves.***

Durante la cena Don Juan se ha ofrecido a acompañarme mañana a visitar Palos y el Convento de La Rábida. Desayunaremos en el cortijo que él posee en las cercanías de Palos, donde también almorzaremos a la vuelta del

Tuesday, August 12

friar to be at La Rábida early in the morning.

These arrangements being made, we parted for the night; I returned to the posada, highly gratified with my visit.

Martes, 12 de agosto

Convento. **Ha mandado razón a la Iglesia de Santa Clara para que el fraile estuviese en La Rábida por la mañana temprano.**

Hechos estos planes, me despedí por esta noche y me he vuelto a la posada muy contento.

Tuesday, August 12

Martes, 12 de agosto

Wednesday, August 13

I slept soundly in the extraordinary bed which, I may almost say, had been invented for my accommodation.

This morning, bright and early, Don Juan Hernández and my- self set off in the calesa for Palos. I felt apprehensive, at first, that the kind-hearted old gentleman, in his anxiety to oblige, had left his bed at too early an hour and was exposing himself to fatigues unsuited to his age. He laughed at the idea and assured me that he was an early riser and accustomed to all kinds of exercise on horse and foot, being a keen sports-man and frequently passing days together among the mountains on shooting expeditions, taking with him servants, horses and provisions and living in a tent. He appears, in fact, to be of an active habit and to possess a youthful vivacity of spirit.

His cheerful disposition rendered our morning drive extremely agreeable; his urbanity was shown to everyone whom we met on the road; even the common peasant was saluted by him with the appellation of caballero, a mark of respect ever gratifying to the poor but proud Spaniard, where yielded by a superior.

Miércoles, 13 de agosto

He dormido perfectamente en la insólita cama que, puedo afirmar, ha sido inventada exclusivamente para mí.

Esta mañana, a primera hora y con un día claro y radiante, he salido con Don Juan Hernández en mi "calesa" hacia Palos. Al principio yo tenía miedo de que el solícito anciano, en su deseo de agradarme, se hubiera levantado demasiado temprano y se fuera a exponer o unas fatigas inadecuadas para su edad. Pero al comentárselo, se rio de mis perjuicios asegurándome que estaba acostumbrado a madrugar y a todo tipo de ejercicio tanto a pie como a caballo, ya que gustaba de practicar deportes corporales, y con frecuencia, pasaba varios días de cacería en las montañas, viviendo en tienda de campaña junto con sus sirvientes, caballos y provisiones. Efectivamente, aparenta ser hombre de costumbres nada sedentarias y poseer un espíritu joven y vivaz.

Su alegre estado de ánimo hizo que nuestro paseo mañanero fuera muy agradable y sus educadas maneras se hicieron patentes con cada uno de los campesinos que nos encontramos en el camino. Hasta al más humilde de ellos saludó con el apelativo de "caballero", señal de respeto siempre agradecida por el pobre pero orgulloso español,

Wednesday, August 13

As the tide was out, we drove along the flat grounds bordering the Tinto. The river was on our right, while on our left was a range of hills, jutting out into promontories, one beyond the other and covered with vineyards and fig-trees. The weather was serene, the air soft and balmy and the landscape of that gentle kind calculated to put one in a quiet and happy humor. We passed close by the skirts of Palos and drove to the hacienda, which is situated at some little distance for the village, between it and the river.

The house is a low stone building, well white-washed and of great length; one end being fitted up as a summer residence, with saloons, bedrooms and a domestic chapel; and the other as a bodega or magazine for the reception of the wine produced on the state. **At the hacienda there is a fabric for brandy**.

The house stands on a hill, amidst vineyards **which belong to the Pinzons, and which are supposed to cover a part of the site of the ancient town of Palos**, now shrunk to a miserable village. Beyond these vineyards, on the crest of a distant hill, are seen the white walls of the Convent of La Rábida, rising above a dark wood of pine-trees.

sobre todo cuando le es dada por un superior.

Como la marea estaba baja, fuimos por la playa que bordea el Tinto. El río quedaba a nuestra derecha y a nuestra izquierda una serie de dunas entre las cuales sobresalían unos collados cubiertos por viñedos e higueras. La temperatura era agradable, la atmósfera ligera y llena de fragancias, y el paisaje de esos que relajan y te hacen sentir de buen humor. Bordeando Palos nos dirigimos al cortijo que está situado a corta distancia del pueblo, entre éste y el río.

El edificio es de baja altura pero muy grande, construido en piedra bien blanqueada. Uno de los extremos está acondicionado para residencia de verano con salones, dormitorios y una capilla particular, y el otro como "bodega" o almacén donde se guarda el vino producido en la finca. ***En la hacienda hay una destilería de aguardiente***.

La casa está situada en una colina entre viñedos ***que pertenecen a los Pinzones y que suponemos, cubren gran parte de lo que fuera el antiguo pueblo de Palos****, convertido hoy en un pueblecito misérrimo. Detrás de estos viñedos, coronando una colina más alejada, se ven las blancas paredes del Convento de La Rábida*

Below the hacienda flows the river Tinto, on which Columbus embarked. It is divided by a low tongue of land or rather the sand-bar of Saltes, from the river Odiel, with which it soon mingles its waters and flows on to the ocean. Beside this sand-bar, where the channel of the river runs deep, the squadron of Columbus was anchored and from hence he made sail on the morning of his departure.

The soft breeze that was blowing scarcely ruffled the surface of this beautiful river; two or three picturesque barks, called mystics, with long latin sails, were gliding down it. A little aid of the imagination might suffice to picture them as the light caravels of Columbus, sallying forth on their eventful expedition, while the distant bells of the town of Huelva, which were ringing melodiously, might be supposed as cheering the voyagers with a farewell peal.

I cannot express what were my feelings, on treading the shore which had once been animated by the bustle of departure and whose sands had been printed by the last footstep of Columbus. The solemn and sublime nature of the event that had followed, together with the fate and fortunes of those concerned in it, filled the mind with vague yet melancholy ideas. It was

destacándose entre la sombría arboleda de un pinar.

Por debajo de la hacienda corre el río Tinto donde Colón embarcó. Una baja lengua de tierra, llamada la barra de Saltés, separa a dicho río, del Odiel con el que poco más allá, mezcla sus aguas para desembocar juntos en el océano. Próxima a esta lengua de arena, donde el canal del río es más profundo, estuvo anclada la escuadra de Colón y desde allí se hicieron a la mar la mañana de la partida.

La suave brisa que corría apenas si rizaba la superficie de este hermoso río, mientras que dos o tres pintorescas embarcaciones de tres mástiles, con grandes velas latinas, llamadas místicos, se deslizaban por él. Con un poco de imaginación se las podía comparar con las ligeras carabelas de Colón partiendo para su azarosa expedición mientras como ahora, a lo lejos las campanas de la ciudad de Huelva tañían cadenciosamente. Podemos suponer que animando a los viajeros con un repique de despedida.

No puedo expresar cuáles fueron mis sensaciones al caminar por la misma orilla que una vez estuviera animada por el bullicio de la partida y en cuyas arenas quedaron grabados las últimas pisadas de Colón. Las sublimes y solemnes consecuencias del acontecimiento que tuvo lugar, así como las aventuras y desventuras de aquellos que parti-

like viewing the silent and empty stage of some great drama, when all the actors had departed. The very aspect of the landscape, so tranquilly beautiful, had an effect upon me; and as I paced the deserted shore, by the side of a descendant of one of the discoverers, I felt my heat swelling with emotions and my eyes filling with tears.

What surprised me was to find no semblance of a seaport; there was neither wharf nor landing-place, nothing but a naked river bank, with the hulk of a ferry-boat, which I was told carried passengers to Huelva, lying high and dry on the sands, deserted by the tide. Palos, though it has doubtless dwindled away from its former size, can never have been important as to extent and population. If it possessed warehouses on the beach, they have disappeared. As Don Juan tells me, it contains a few hundred inhabitants, who subsist principally by labouring the fields and vineyards. Its race of merchants and mariners are extinct. There are no vessels belonging to the place, nor any show of traffic, excepting at the season of fruit and wine, when a few mystics and other light barks anchor in the river to collect the produce of the neighbourhood. The people are totally ignorant and it is probable that the greater part of them scarce know even the name of America. Such is the

ciparon en el mismo, llenaban mi mente de nostálgicas imagines. Era como estar viendo un escenario vacío y silencioso donde se ha representado una gran obra dramática cuando los actores ya se han ido. El embrujo del entorno de una sencilla belleza, me tenían bajo su influjo y conforme paseaba por la desierta orilla al lado de un descendiente de los descubridores, una serie de emociones embargaron mi corazón y mis ojos se llenaron de lágrimas.

Lo que me sorprendió fue no encontrar vestigio de puerto alguno. No había ni muelle ni embarcadero; en la arena seca de la bajamar sólo se veía el casco varado de una barcaza que, según me dijeron, hace el transporte de viajeros hasta Huelva. Aunque, indudablemente, Palos ha ido disminuyendo desde su primitivo tamaño, nunca ha podido ser importante ni en extensión ni en población. Si alguna vez hubo tinglados en la playa, éstos han desaparecido. Según me cuenta Don Juan, el pueblo tiene unos pocos cientos de habitantes que viven principalmente del trabajo en el campo y en los viñedos. La raza de mercaderes y marineros ha desaparecido. No hay barcos que pertenezcan al pueblo ni queda actividad comercial excepto en el tiempo de la fruta y del vino, cuando unos pocos místicos y otras barcas ligeras anclan en el río para recoger la cosecha de la comarca. La gente es ignorante y hasta es probable que en su mayor parte ni siquiera conozca el nombre de América.

place from whence sallied forth the enterprise for the discovery of the Western World!

We were now summoned to breakfast in a little saloon of the hacienda, **from which we could see the white buildings of Huelva shining in the landscape of the opposite low coast**. The table was covered with natural luxuries produced upon the spot: fine purple and muscatel grapes from the adjacent vineyard, delicious melons from the Garden and generous wines made on the state. The repast was heightened by the genial manners of my hospitable host, who appears to possess the most enviable cheerfulness of spirit and simplicity of heart.

After breakfast we set off in the calesa, to visit the Convent of La Rábida, which is about half a league distant[19]. The road, for a part of the way, lay through the vineyards, and was deep and sandy. The calasero had been at his wit's end to conceive what motive a stranger like myself, apparently travelling for mere amusement, could have in coming so far to see so miserable a place as Palos, which he set down as one of the very poorest places in the whole world; but this additional toil and

19 Approximately 1,3 miles.

Tal es el lugar de donde partió la aventura del descubrimiento de todo el Mundo Occidental.

Volvimos al cortijo y desayunamos en un pequeño salón desde el que, ***a lo lejos y en la orilla de enfrente, se veían brillar las blancas casas de Huelva****. La mesa estaba servida con suculentos productos de la tierra: excelentes uvas de moscatel y moradas del viñedo cercano, deliciosos melones del huerto y variados vinos obtenidos en la finca. El desayuno estuvo animado por las cordiales maneras de mi hospitalario anfitrión que parece poseer la más envidiable alegría de vivir y la mayor sencillez de corazón.*

Después de desayunar, partimos en la "calesa" para visitar el Convento de La Rábida que está como a media legua de distancia[19]. El camino atraviesa las viñas y durante una parte del mismo era un profundo arenal. El calesero se hacía cruces intentando comprender los motivos que podía tener un extranjero como yo para visitar sólo por gusto un lugar como Palos, que él consideraba uno de los peores sitios del mundo entero. Este último esfuerzo a través de las arenas para llegar al viejo Convento de La Rábida le puso al límite de su comprensión. "¡Hombre!", exclamó, "¡si es sólo una ruina!" - ¡Cáspita, vaya, si es sólo una ruina! -

19 *Un poco más de dos kilómetros.*

struggle through deep sand, to visit the old Convent of La Rábida, completed his confusion. Hombre! exclaimed he, ¡Si es sólo una ruina! – "Zounds! Why, if it's only a ruin!" Don Juan laughed, and told him that I had come all the way from Seville precisely to see that old ruin. The calasero made the Spaniard's last reply when he is perplexed – he shrugged his shoulders and crossed himself.

After ascending a hill, and passing through the skirts of a straggling pine wood, we arrived in front of the convent. It stands in a bleak and solitary situation, on the brow of a promontory, overlooking to the west a wide range of sea and land, bounded by the frontier mountains of Portugal, about eight leagues distant[20]. The convent is shut out from a view of the vineyards of Palos by the gloomy forest of pines which I have mentioned, which covers the promontory to the east and darkens the whole landscape in that direction. **It surprised me to find a solitary palm tree among the pines.**

There is nothing remarkable in the architecture of the convent; part of it is Gothic, but the edifice having

20 Approximately 27 miles.

Miércoles, 13 de agosto

Don Juan se rió y le dijo que yo había hecho todo el camino desde Sevilla precisamente para ver esas viejas ruinas. El calesero hizo el típico gesto del español cuando se queda perplejo: se encogió de hombros y se santiguó.

Ascendimos a una colina y tras bordear un asilvestrado pinar, llegamos al Convento. Está situado en un lugar solitario y desapacible, orientado al oeste en la cima de una colina desde donde se domina un amplio panorama de tierra y mar, bordeado por las montañas fronterizas de Portugal distantes aproximadamente unas ocho leguas[20]. Desde el Convento no se ven los viñedos de Palos por taparlos el sombrío pinar que he citado, el cual cubre la colina por el este y da un tono poco luminoso al paisaje por aquella dirección. **Me llamó la atención la presencia de una solitaria palmera entre los pinos.**

No hay nada destacable en la arquitectura exterior del Convento. En parte es gótica pero ha sido reparado con frecuencia y blanqueado de acuerdo con la general costumbre andaluza heredada de los moros, y ha perdido el venerable aspecto que podía esperarse de su antigüedad.

20 *Unos 45 kilómetros.*

been frequently repaired and being whitewashed, according to a universal custom in Andalusia, inherited from the Moors, it has not that venerable aspect which might be expected from its antiquity.

We alighted at the gate where Columbus, when a poor pedestrian, a stranger in the land, asked bread and water for his child! As long as the convent stands, this must be a spot calculated to awaken the most thrilling interest. The gate remains apparently in nearly the same state as at the time of his visit, but there is no longer a porter at hand to administer to the wants of the wayfarer. The door stood wide open and admitted us into a small courtyard. From thence we passed through a Gothic portal into the chapel, without seeing a human being. We then traversed two interior cloisters, equally vacant and silent and bearing a look of neglect and dilapidation. From an open window we had a peep at what had once been a garden but that had also gone to ruin: the walls were broken and thrown down, a few shrubs and a scattered fig-tree or two were all the traces of cultivation that remained.

We passed through the dormitories, but the cells were shut up and abandoned; we saw no living thing except a solitary cat stealing across a distant corridor,

Miércoles, 13 de agosto

Nos bajamos en la misma puerta en la que Colón, como un pobre caminante en tierra extranjera, pidió pan y agua para su hijo. Por ello, pienso que mientras el Convento subsista, éste es un lugar que siempre despertará emocionantes sentimientos. La entrada permanece aparentemente en el mismo estado de cuando aquella visita, aunque ya no hay portero a mano para satisfacer los deseos del caminante. Las puertas estaban abiertas de par en par y entramos en un pequeño patio, del cual, a través de un pórtico gótico, pasamos a la capilla sin que viéramos a ningún ser humano. Después atravesamos dos claustros con apariencia de abandono y ruina, igualmente vacíos y silenciosos. Por una ventana echamos un vistazo a lo que en su día había sido un jardín al que también había llegado la desidia: sus muros estaban agrietados y destruidos, sólo algunos matorrales y un par de higueras desperdigadas eran las huellas que quedaban de anteriores cuidados.

A continuación pasamos por los dormitorios donde todas las celdas estaban silenciosas y desiertas. Excepto un

which fled in a panic at the unusual sight of strangers.

At length, after patrolling nearly the whole of the empty building, to the echo of our own footsteps, we came to where the door of a cell , being partly open, gave us the sight of a monk within, seated at a table writing. He rose and received us with much civility, and conducted us to the superior, who was reading in an adjacent cell. They are both rather young men and together with a noviciate and a lay brother, who officiates as cook, form the whole community of the convent.

Don Juan Hernández communicated to them the object of my visit and my desire also to inspect the archives of the convent, to find if there was any record of the sojourn of Columbus. They informed us that the archives had been entirely destroyed by the French. The younger monk, however, who had perused them, had a vague recollection of various particular concerning the transactions of Columbus at Palos, his visit to the convent and the sailing of his expedition. From all that he cited, however, it appeared to me that all the information on the subject contained in the archives had been

gato que furtivamente salió huyendo por un corredor al fondo, no vimos a nadie.

Por fin, después de recorrer casi todo el edificio oyendo sólo el eco de nuestros propios pasos, llegamos a la puerta entreabierta de una celda por la que vimos a un monje escribiendo sobre una mesa. Se levantó y nos dio la bienvenida con suma cortesía, llevándonos ante su superior que estaba leyendo en la celda adyacente. Tanto uno como otro son bastantes jóvenes y junto con un novicio y un hermano lego, que hace las veces de cocinero, constituyen toda la comunidad.

Don Juan Hernández les dijo el objeto de mi visita y mi deseo de consultar los archivos del Convento, para ver si había documentos relativos a la estancia de Colón entre estos muros. Nos comunicaron que los archivos habían sido totalmente destruidos por los franceses y que sólo les quedaba un sucinto memorial escrito por el fraile más joven, el cual había leído los archivos en profundidad, y en el que se recogen varios detalles relativos a las negociaciones de Colón en Palos, a su visita al Convento y a cuando su expedi-

extracted from Herrera[21] and other well-known authors.

The monk was talkative and eloquent and soon diverged from the subject of Columbus to one which he considered of infinitely greater importance – the miraculous image of the Virgin possessed by their convent, and known by the name of "Our Lady of La Rábida". He gave us a history of the wonderful way in which the image had been found buried in the earth, where it had lain hidden for ages, since the time of the conquest of Spain by the Moors; the disputes between the convent and different places in the neighbourhood for the possession of it; the marvellous protection it extended to the adjacent country, especially in preventing all madness, either in man or dog for this malady was anciently so prevalent in this place as to gain it the appellation of La Rabia, by which it was originally called; a name which, thanks to the beneficent influence of the Virgin, it no longer merited or retained. Such are the legends and relics with which every convent in Spain is

21 Antonio de Herrera y Tordesillas (1549 - 1626). Author of "A General History of the acts of the Spaniards in the Islands and Mainland of the Ocean Sea called West Indies", known as "Decades" and considered one of the best books written about the conquest of America. Chronicler of Castile was during the reigns of Philip II and Philip III.

ción se hizo a la mar. Sin embargo, por lo que se me dijo, me dio la impresión de que todo lo contenido en los archivos había sido sacado de Herrera[21] *y de otros conocidos autores.*

El monje, muy hablador y elocuente, rápidamente pasó de su discurso sobre el tema de Colón a otro que él consideraba de una infinita mayor importancia: la milagrosa imagen de la Virgen que, conocida con el nombre de "Nuestra Señora de la Rábida", poseía el Convento. Nos contó la historia de la prodigiosa manera en la que había sido descubierta, enterrada en un lugar donde estuvo oculta durante siglos desde la conquista de España por los moros, y las numerosas disputas mantenidas por el Convento con otros lugares de los alrededores por la posesión de la misma. También nos habló de la extraordinaria protección que había proporcionado a estos lugares, sobre todo en la prevención de la rabia tanto en los hombres como en los perros. Al parecer dicha enfermedad estaba tan extendida por

---

21 *Antonio de Herrera y Tordesillas(1549 - 1626). Autor de la Historia general de los hechos de los castellanos en las Islas y Tierra Firme del mar Océano que llaman Indias Occidentales, conocida como Décadas y considerada una de las mejores obras escritas sobre la conquista de América. Fue Cronista Mayor de Castilla durante los reinados de Felipe II y Felipe III, y también de Indias.*

enriched, which are zealously cried up by the monks and devoutly credited by the populace…

Twice a year, on the festival of Our Lady of La Rábida, and on that of the patron saint of the order, the solitude and silence of the convent are interrupted by the intrusion of a swarming multitude, composed of the inhabitants of Moguer and Huelva, and the neighboring plains and mountains. The open esplanade **with a cross** in front of the edifice resembles a fair, the adjacent forest teems with the motley throng and the image of Our Lady of La Rábida is borne forth in triumphant procession.

While the friar was thus dilating upon the merits and renown of the image, I amused myself with those day-dreams, or conjuring of the imagination, to which I am a little given. As the internal arrangements of convents are apt to be the same from age to age, I pictured to myself this chamber as the same inhabited by the guardia, Juan Pérez de Marchena, at the time of the visit of Columbus. Why might not the old and ponderous table before me be the very one on which he displayed his conjectural maps, and expounded his theory of a western route to India? It required but another stretch of the imagination to assemble the little conclave

la zona, que a este lugar se le llamaba de la Rabia, denominación que, gracias a la Virgen, no fue necesario seguir manteniendo. Leyendas y reliquias como éstas se encuentran en cualquier convento de España y son fervorosamente descritas por los monjes y de forma enfervorizada creídas por el pueblo.

Dos veces al año, el día de Nuestra Señora de la Rábida y el del Santo Patrono de la Orden, la soledad y el silencio del Convento se ven rotos por la llegada de un hormigueante gentío procedente de Huelva, Moguer y de las llanuras y montañas de los alrededores. La amplia explanada **con la cruz**, *que está situada delante del Convento se convierte en una feria, y el pinar adyacente hierve con la variopinta muchedumbre, mientras que la imagen de la Nuestra Señora de la Rábida es paseada en triunfante procesión.*

A la vez que el fraile se extendía de esta manera acerca de los méritos y fama de la imagen, yo me distraje con los ensueños o evocaciones a los que soy tan aficionado. Como la decoracióndel Convento parece no haber cambiado durante siglos, me imaginaba que la celda donde estábamos podía ser la misma que habitara el fraile portero Juan Pérez de Marchena en los tiempos de la visita de Colón, ¿Por qué no podía ser aquella robusta mesa que tenía

around the table; Juan Pérez, the friar, García Hernández, the physician and Martín Alonso Pinzón, the bold navigator, all listening with rapt attention to Columbus or to the tale of some old seaman of Palos, about islands seen in the western part of the ocean.

The friars, as far as their poor means and scanty knowledge extended, were disposed to do everything to promote the object of my visit. They showed us all parts of the convent, which, however, has little to boast of, excepting the historical associations connected with it.

The library was reduced to a few volumes, chiefly on ecclesiastical subjects, piled promiscuously in the corner of a vaulted chamber, and covered with dust. The chamber itself was curious, being the most ancient part of the edifice and supposed to have formed part of a temple in the time of the Romans, **which as the friar says, was dedicated to the goddess Prosperpine, to whom a beautiful girl every year was sacrificed**.

We ascended to the roof of the convent to enjoy the extensive prospect it commands. Immediately below the promontory on which it is situated runs a narrow, but tolerably deep river, called the Domingo Rubio,

delante de mí la misma en la que el navegante desplegara sus hipotéticos mapas y expusiera sus teorías acerca de la ruta occidental a las Indias? Con un poco más de imaginación adicional logré reunir un pequeño cónclave alrededor de la mesa: Juan Pérez, el fraile; García Hernández, el médico y Martín Alonso Pinzón, el intrépido navegante, todos oyendo con absorta atención a Colón, o las narraciones de algún viejo marinero de Palos acerca de las Islas vistas en la zona occidental del Océano.

Los frailes, hasta donde alcanzaban sus pobres medios y escasos conocimientos, estuvieron dispuestos a hacer cualquier cosa para que se cumpliera el objetivo de mi viaje. Me mostraron todo el edificio, el cual no tiene mucho de que vanagloriarse a no ser por las connotaciones históricas con él relacionadas.

La biblioteca se reducía a unos cuantos volúmenes llenos de polvo, casi todos sobre temas eclesiásticos, apilados desordenadamente en un rincón de una sala abovedada, muy interesante por sí misma. Está situada en la parte más antigua del Convento y se supone que formó parte de un templo en tiempos de los romanos, ***el cual según el fraile, estaba dedicado a Proserpina, diosa a la que cada año se le sacrificaba una bella doncella.***

which empties itself in the Tinto. It is the opinion of Don Luis Hernández Pinzón that the ships of Columbus were careened and fitted out in this river, as it affords better shelter that the Tinto, and its shores are not so shallow. A lonely bark of a fisherman was lying in this stream and not far off, on a sandy point, were the ruins of an ancient watchtower.

From the roof of the convent all the winding of the Odiel and the Tinto were to be seen, and their junction into the main stream, by which Columbus sallied forth to sea; **as well as the bar of Saltes**, Huelva, **at distance the mountains of Portugal, the ocean with ships, etc**. In fact, the convent serves as a landmark, being, from its lofty and solitary situate, visible for a considerable distance to vessels coming on the coast.

On the opposite side I looked down upon the lonely road, through the wood of pine-trees, by which the zealous guardian of the convent, Fray Juan Pérez, departed at midnight on his mule, when he sought the camp of Ferdinand and Isabella, in the vega of Granada, to plead the project of Columbus before the queen.

Miércoles, 13 de agosto

Subimos a la azotea del Convento para disfrutar de la amplia vista que desde ella se domina. Inmediatamente debajo del otero donde está situado el Convento, corre un estrecho río moderadamente profundo, llamado Domingo Rubio, que desemboca en el Tinto. Me dijo Don Juan que en opinión de su hermano Don Luis, es en este río donde los barcos de Colón fueron varados y armados, al proporcionar un resguardo mejor que el Tinto y además, no ser sus orillas tan profundas. Una solitaria barca de un pescador estaba anclada en medio de la corriente y, no lejos, sobre una pequeña colina arenosa, se veían las ruinas de una antigua torre vigía.

Desde la azotea también divisamos los meandros del Odiel y del Tinto antes de unirse en la ría por la que Colón salió a la mar, **la barra de Saltés**, *Huelva a lo lejos,* **las montañas de Portugal, el Océano con sus barcos, etc**. *El Convento, por su elevada y destacada situación, visible a una considerable distancia desde el mar, sirve de guía para los barcos que entran en estas costas.*

Por el lado opuesto se divisa un solitario camino a través de los pinos por el que el entusiasta portero del Convento, Fray Juan Pérez, partió a medianoche sobre su mula, camino del campamento de Fernando e Isabel en la Vega de Granada, para defender ante la reina el proyecto

Wednesday, August 13

Having finished out inspection of the convent we prepared to depart and were accompanied to the outward portal by the two friars. Our calasero brought his rattling and rickety vehicle for us to mount; at sight of which one of the monks exclaimed, with a smile, "Santa María! only to think! A calesa before the gate of the Convent of La Rábida!".

And, indeed, so solitary and remote is this ancient edifice and so simple is the mode of living of the `people in this by-corner of Spain, that the appearance of even a sorry calesa might well cause astonishment. It is only singular that in such a by-corner the scheme of Columbus should have found intelligent listeners and coadjutors, after it had been discarded, almost with scoffing and contempt, from learned universities and splendid courts.

On our way back to the hacienda we met Don Rafael, the younger son of Don Juan Hernández, a fine young man, about twenty-one years of age, and who, his father informed me, was at present studying French and mathematics. He was well mounted on a spirited gray horse and dressed in the Andalusian style, with the little round hat and jacket. He sat his horse gracefully and managed him well. I was pleased with the frank and

de Colón.

Habiendo terminado la visita al cenobio nos preparamos para partir y fuimos acompañados hasta el portal por los dos frailes. Nuestro calesero trajo su tintineante y destartalado vehículo para que nos montáramos y, a la vista del mismo, uno de los frailes exclamó sonriendo: « ¡"Santa María", lo que faltaba por ver! ¡Una calesa ante la puerta del Convento de La Rábida!».

Y en verdad, tan solitario y lejano se halla situado este viejo edificio y es tan simple el modo de vivir de las gentes de este rincón de España que incluso la presencia de una simple calesa puede ser motivo de asombro. Es curioso que precisamente en un sitio así fuera donde el plan de Colón encontró inteligentes oyentes y audaces colaboradores, después de haber sido rechazado casi con mofa y menosprecio por doctas universidades y fastuosas cortes.

En nuestro camino de regreso a la hacienda nos encontramos con Don Rafael, el hijo pequeño de Don Juan, un gallardo joven de veintiún años que, según me informó su padre, está actualmente estudiando francés y matemáticas. Venía en un brioso caballo tordo, vestido a la andaluza con chaquetilla corta y un pequeño sombrero redondo. Montaba airosamente y manejaba el caballo con gran ma-

easy terms on which Don Juan appeared to live with his son. This I was inclined to think his favorite son, as I understood he was the only one that partook of the old gentleman's fondness for the chase and that accompanied him in his hunting excursions.

A dinner had been prepared for us at the hacienda, by the wife of the capitaz, or overseer, who, with her husband, seemed to be well pleased with this visit from Don Juan, and to be confident of receiving a pleasant answer from the good-humored old gentleman whenever they addressed him. The dinner was served up about two o'clock and was a most agreeable meal. The fruits and wine were from the estate and were excellent< the rest of the provisions were from Moguer, for the adjacent village of Palos is too poor to furnish anything.

A gentle breeze from the sea played through the hall and tempered the summer hear. Indeed, I do not know when I have seen a more enviable spot than this country retreat of the Pinzons. Its situation on a breezy hill, at no great distance from the sea, and in a southern climate, produces a happy temperature, neither hot in summer not cold in winter. It commands a beautiful prospect and is surrounded by natural luxuries.

estría. Me gustó ver la llaneza y cariño con que Don Juan trataba a su hijo, lo que me dio a pensar que Don Rafael es su favorito. Además, por lo que entendí, es el único que comparte la afición a la caza del viejo caballero y el que le acompaña en sus monterías.

La comida había sido preparada en la finca por la mujer del capataz o guarda, la cual junto con su marido, parecía muy a gusto con la visita de Don Juan y por la confianza y las ocurrentes respuestas que recibían del ingenioso anciano a cada una de las preguntas que ellos hacían. La comida se sirvió sobre las dos y, realmente, fue un agradable almuerzo. El vino y la fruta, que eran excelentes, procedían de la finca mientras que el resto de las viandas venían de Moguer al ser contiguo al pueblo de Palos, demasiado pobre para suministrar nada.

Una agradable brisa del mar entraba por el zaguán y atemperaba el calor del verano. No recuerdo haber visto nunca un sitio más envidiable que esta casa de campo de los Pinzones. Su situación sobre una ventilada colina a no gran distancia del mar, con un clima meridional, produce una temperatura deliciosa, ni frío en invierno ni calor en verano. Además domina un maravilloso paisaje y está rodeada por una espléndida naturaleza.

Wednesday, August 13

The country abounds with game; the adjacent river affords abundant spot in fishing, both by day and night, and delightful excursions for those fond of sailing. During the busy seasons of rural and especially at the joyous period of vintage, the family pass some time here, accompanied by numerous guests, at which times, Don Juan assured me, there is no lack of amusements, both by land and water. **As he says, this place has plenty of hares, rabbits and partridges for shooting.**

When we had dined and taken the "siesta", or afternoon nap, according to the Spanish custom in summer time, we set out on our return to Moguer, **visiting the caves of the river** and the village of Palos in the way. Don Rafael had been sent in advance to procure the keys of the village church, and to apprise the curate of our wish to inspect the archives. The village consists principally of two streets of low white washed houses. Many of the inhabitants have very dark complexions, betraying a mixture of African blood.

On entering the village we repaired to the lowly mansion of the curate. I had hoped to find him some such personage as the curate in "Don Quixote", possessed of shrewdness and information in his limited

Por otra parte, en la zona abundan las distracciones: el río cercano ofrece numerosos sitios para pescar tanto de día como de noche, así como para que los aficionados a navegar a vela hagan deliciosas excursiones por él. Durante la época de los trabajos del campo, especialmente en el animado período de la vendimia, la familia pasa allí algún tiempo acompañada de numerosos huéspedes, asegurándome Don Juan que no faltan los entretenimientos tanto campestres como marítimas. ***Por lo que me dice, también la caza de liebres, conejos y perdices es muy abundante por estos contornos.***

Cuando hubimos comido y echado la "siesta" o sueñecito de después de comer, de acuerdo con la veraniega costumbre española, emprendimos el retorno a Moguer, ***visitando las cuevas del río*** *y el pueblo de Palos. Don Rafael se adelantó para hacerse con las llaves de la Iglesia y avisar al cura de nuestro deseo de consultar los archivos. Palos consiste básicamente en dos calles de casas bajas y encaladas. Muchos de sus habitantes tienen un aspecto muy moreno que delata la mezcla de sangre africana que corre por sus venas.*

Entrando en el pueblo, fuimos directos a la humilde casa del cura. Yo esperaba encontrarme con un personaje parecido al cura de Don Quijote que con agudeza y

sphere, and that I might gain some anecdotes from him concerning his parish, its worthies, its antiquities and its historical events. Perhaps I might have Done so at any other time, but unfortunately, the curate was something of a sportsman and had heard of some game among the neighboring hills.

We met him just sallying forth from his house and I must confess, his appearance was picturesque. He was a short, broad, sturdy little man and had doffed his cassock and broad clerical beaver for a short jacket and a little round Andalusian hat?"; he had his gun in hand and was on the point of mounting a donkey which had been led forth by an ancient withered handmaid. Fearful of being detained from his foray, he accosted my companion the moment he came in sight. "God preserve you, Señor Don Juan! I have received your message and have but one answer to make. The archives have all been destroyed. We have no trace of anything you seek for – nothing - . Don Rafael has the keys of the church. You can examine it at your leisure. Adios, caballero!". With these words the galliard little curate mounted his donkey, thumped his ribs with the butend of his gun and trotted off to the hills.

In our way to the church we passed by the ruins of

conocimiento de su entorno, nos contara anécdotas de la parroquia, de sus obras de arte, antigüedades y hechos históricos. Tal vez hubiese sido así en otra ocasión, pero desafortunadamente el cura era algo aficionado a los deportes y le acababa de llegar la noticia de que se iba a celebrar un partido en las colinas cercanas.

Nos lo encontramos saliendo de su casa y en verdad que su aspecto era pintoresco. El hombre, que era bajo de estatura aunque ancho y fornido, había cambiado su sotana y su amplio sombrero clerical por la chaquetilla corta y el pequeño sombrero redondo de los andaluces y, cargado con su escopeta, estaba a punto de subirse a un borriquillo que le estaba sujetando una vieja y marchita criada. Temeroso de que le priváramos de su correría, en cuanto nos vio abordó a mi acompañante de la siguiente manera: ¡Dios le guarde, "Señor Don Juan"! He recibido su mensaje y sólo tengo una respuesta. Los archivos fueron todos destruidos, no hay resto de nada de lo que ustedes puedan buscar. Nada de nada, Don Rafael tiene la llave de la Iglesia donde pueden ustedes ver todo lo que deseen. "Adiós, caballero". Con estas palabras el pequeño pero resolutivo cura se montó en el burro, le golpeó los costillares con la culata de su escopeta y salió trotando hacia las colinas.

Yendo hacia la iglesia pasamos junto a las ruinas de

what had once been a fair and spacious dwelling, greatly superior to the other houses of the village. This, Don Juan informed me , was an old family possession, but since they had removed from Palos it had fallen to decay for want of a tenant. It was probably the family residence of Martín Alonso or Vicente Yáñez Pinzón in the time of Columbus.

We now arrived at the Church of St. George, in the porch of which Columbus first proclaimed to the inhabitants of Palos the order of the sovereigns, that they should furnish him with ships for his great voyage of discovery. This edifice has lately been thoroughly repaired, and being of solid mason-work, promises to stand for ages, a monument of the discoverers. It stands outside of the village, on the bro of a hill, looking along a little valley toward the river. The remains of a Moorish arch prove it to have been a mosque in former times; just about it, on the crest of the hill, is the ruin of a Moorish castle.

I paused in the porch and endeavoured to recall the interesting scene that had taken place there, when Columbus, accompanied by the zealous friar Juan Pérez, cause the public notary to read the royal order in presence of the astonished alcaldes, regidors and

lo que fuera una hermosa y espaciosa casa, de un tamaño muy superior a las del resto del pueblo. Según me dijo Don Juan, era una antigua propiedad de su familia que, desde que se trasladaron a Moguer, había caído en ruina por falta de inquilino que la arrendara. Probablemente en tiempos de Colón fue la vivienda de Martín o de Vicente Yáñez Pinzón.

Llegamos a la Iglesia de San Jorge por el pórtico en el que Colón, por primera vez, hizo pública a los habitantes de Palos la orden de los soberanos que les obligaba a suministrarle barcos para su gran viaje del descubrimiento. El edificio ha sido recientemente muy restaurado por lo cual, dado lo sólido de la construcción, es presumible que permanecerá durante siglos como monumento en homenaje a los descubridores. Se levanta en las afueras del pueblo, sobre una colina, mirando hacia un pequeño valle que llega hasta el río. En otra época anterior, esta iglesia fue una mezquita como lo prueban los restos de un arco árabe que aún se pueden ver en ella. Por encima de la Iglesia, en la cima de la colina, están las ruinas de un castillo moro.

Me detuve en el pórtico y me esforcé en recordar la curiosa escena que allí tuvo lugar cuando Colón, acompañado por el entusiasta Fray Juan Pérez, hizo que el escribano leyera la Orden Real, en presencia de los abrumados

alguazils. But it is difficult to conceive the consternation that must have been struck into so remote a little community by this sudden apparition of an entire stranger among them, bearing a command that they should put their persons and ships at his disposal and sail with him away into the unknown wilderness of the ocean.

The interior of the church has nothing remarkable, excepting a wooden image of St. George vanquishing the Dragon, which is erected over the high altar and is the admiration of the good people of Palos, who bear it about the streets in grand procession on the anniversary of the saint. This group existed in the time of Columbus, and now flourishes in renovated youth and splendour, having been newly painted and gilded and the countenance of the saint rendered peculiarly blooming lustrous.

Having finished the examination of the church, we resumed our seats in the calesa and returned to Moguer. Once thing only remained to fulfil the object of my pilgrimage. This was in danger of being lost in a tempest on his way home from his great voyage of discovery, he made a vow that, should he be spared, he would watch and pray one whole night in this chapel; a vow which he doubtless fulfilled immediately after his arrival.

alcaldes, regidores y alguaciles. No es fácil llegar a imaginarse la consternación que debió provocar en este remoto y pequeño pueblo la súbita aparición de un extranjero portando una orden por la que los habitantes del lugar deberían poner sus personas y barcos a su disposición y echarse a la mar con él, camino de la desconocida inmensidad del Océano.

En el interior de la Iglesia no hay nada destacable excepto una imagen en madera de San Jorge venciendo al dragón, situada en el altar mayor y que es objeto de admiración de la gente sencilla de Palos, que la sacan en solemne procesión por las calles el día de su fiesta. Este conjunto ya existía en los tiempos de Colón pero ahora tiene un aspecto de renovada lozanía y esplendor, debido a que ha sido recientemente pintada y dorada. El rostro del santo se ve singularmente lozano y brillante.

Una vez que terminamos la visita a la Iglesia, volvimos a tomar nuestros asientos en la calesa y retornamos a Moguer. Sólo me quedaba una cosa para completar los objetivos de mi peregrinación: visitar lo Iglesia del Convento de Santa Clara. Cuando Colón al regreso de su gran viaje se vio en peligro de perderse en una tormenta, hizo la promesa de pasar una noche en vela, rezando en dicho Iglesia, voto que no dudó en cumplir inmediatamente después que

Wednesday, August 13

On entering the town, we found most of the men in groups in the principal square, some with cloaks; and Don Juan was saluted by everyone. Then my kind and attentive friend, Don Juan, conducted me to the convent. It is the wealthiest in Moguer and belongs to a sisterhood of twenty-one Franciscan nuns. **I even saw a Moorish looking nun.**

The chapel is large and ornamented with some degree of richness, particularly the part about the high altar, which is embellished by a magnificent monument of the brave family of the Puerto Carreros, the ancient lords of Moguer, and renowned in Moorish warfare. The alabaster effigies of the most distinguished warrior of that house, and of his wife and sisters, lie side by side, with folded hands, on tombs immediately before the altar; while others recline in deep niches on either side.

The night had closed in by the time I entered the church, which made the scene more impressive. A few votive lamps shed a dim light about the interior; their beams were feeble reflected by the gilded work of the high altar and the frames of the surrounding paintings, and rested upon the marble figures of the warriors and dames lying in the monumental repose of ages. The

desembarcó.

Al llegar al pueblo nos encontramos a casi todos los hombres, algunos con capas, formando grupos en la plaza principal. Don Juan fue saludado por cada uno de ellos. *A continuación mi amable y solícito amigo me llevó al convento, el más opulento de Moguer, propiedad de una comunidad de veintiuna monjas de la Orden Franciscana.* **Me llamó la atención una monja que parecía mora**.

La iglesia es grande y está decorada con cierta riqueza sobre todo en la zona del altar mayor, la cual está adornada con los magníficos mausoleos de la valerosa familia de los Portocarrero, antiguos señores de Moguer, famosos durante la guerra contra los moros. La estatua en alabastro del más distinguido guerrero de la casa así como la de sus mujeres y hermanas yacen, una al lado de otra, con las manos cruzadas, inmediatamente delante del altar mayor, mientras que las de los demás están colocadas en profundos nichos en las paredes laterales.

Cuando entramos en el templo ya era noche cerrada, lo que hacía que la escena fuera aún más impresionante. El Interior estaba iluminado sólo por unas cuantas lámparas votivas cuyas débiles luces se reflejaban en los dorados

Wednesday, August 13

solemn pile must have presented much the same appearance when the pious discoverer performed his vigil, kneeling before this very altar and praying and watching throughout the night, and pouring forth heartfelt praises for having been spared to accomplish his sublime discovery.

I had now completed the main purpose of my journey, having visited the various places connected with the story of Columbus. It was highly gratifying to find some of them so little changed, though so great a space of time had intervened; but in this quiet nook of Spain, so far removed from the main thoroughfares, the lapse of time produces but few violent revolutions. Nothing, however, has surprised and gratified me more than the continued stability of the Pinzón family.

After the visit of the convent, we went to the house of Don Juan. There we met Don José, a son of Don Luis, who had just come from a bull-fight over the mountains. After a while came Don Luis; we went with him to his house which was one of the best houses of the place and he gave me the volume of his family. Don Juan and Don Luis talk of the return of a young man, their cousin. They fear

del altar y en los marcos de los cuadros que nos rodeaban, reflejos que caían sobre las pétreas figuras de los guerreros y sus mujeres que dormían el eterno sueño de los siglos. El majestuoso mausoleo central debía tener el mismo aspecto que cuando el piadoso descubridor llevó a cabo su vigilia, arrodillado ante el mismo altar, rezando y velando toda la noche para dar gracias por habérsele permitido completar este sublime descubrimiento.

Ahora que he visitado los diversos lugares relacionados con la historia de Colón, he cumplido el principal objetivo de mi viaje a estos lugares. Ha sido altamente satisfactorio el encontrarme con que algunos de ellos han sufrido pocos cambios a pesar del tiempo transcurrido. La verdad es que en este tranquilo rincón de España, tan alejado de los principales caminos, pocos son las alteraciones drásticas que se producen por el paso del tiempo. Nada sin embargo me ha sorprendido y congratulado más que la estable continuidad de la familia Pinzón.

Después de visitar el Convento fuimos a la casa de Don Juan donde nos encontramos con Don José, un hijo de Don Luis, que acababa de llegar de la sierra en donde había estado viendo una corrida de toros. Poco después llegó el propio Don Luis con quien nos fuimos a su casa,

he will not be able to relish their simple life in Moguer after the splendours and luxury of Seville.

Finally, I returned to the posada, where I have made some notes from the book of Don Luis. I have even read the assertion of an old seaman, that Columbus, in his eagerness to compel the Pinzons to turn back to Spain, "fired upon their ships", but, they continuing on, he was obliged to follow and within two days, afterward discovered the island of Hispanolla. It is evident the old sailor, if he really spoke conscientiously, mingled in his cloudy remembrance the disputes in the early part of the voyage and the desertion of Marín Alonso Pinzón which led to the discovery of the Lucayos and Cuba, once Columbus had already discovered the island of Hispaniola[22].

22 Irving explained this conclusion afterwards in the appendix "Martín Alonso Pinzón" included in a corrected edition of his work on Columbus.

una de las mejores del pueblo, para que me prestara el libro sobre su familia. Don Juan y Don Luis me hablan de la vuelta de Sevilla de un joven primo suyo, que temen no se adapte bien a la sencilla vida de Moguer tras haber conocido la suntuosidad y el lujo sevillano.

Más tarde me vine a la posada donde he tomado unas notas del libro de Don Luis. *En él he leído la afirmación de un viejo marinero según la cual Colón, en su ansia por forzar a los Pinzones para abandonar la empresa y volver a España, "abrió fuego contra sus barcos". Como ellos continuaron, el Almirante se vio obligado a seguirles, debido a lo cual, dos días después, descubrió la Isla de la Española. Es evidente que si el viejo marinero hablaba sinceramente mezclaba en sus nebulosos recuerdos las disputas de la primera parte del viaje y el abanDono que de la expedición hizo Martín Alonso Pinzón, llegando a descubrir Lucayos y Cuba, una vez Colón ya había descubierto La Española*[22].

22 *Esta conclusión fue expuesta posteriormente por Irving en el, apéndice "Martín Alonso Pinzón" que incluyó en una de las ediciones revisadas de su obra sobre Cristóbal Colón.*

Wednesday, August 13

Don José Hernández Pinzón y Benítez, father of Don Juan and Don Luis, was Alférez Mayor and Councillor for the life of the City of Moguer and in 1797 he was granted a Royal Charter of Nobility and the official acknowledgment of his being descendant of the discoverers of America[23].

I hear noise of muleteers who had been at bull-fight. I sleep sound.

---

23 Even though Irving was not too clear in his notes, we have been able to draw the social line of José Hernández Pinzón y Benítez thanks to the information given by one of his descendants today.

Miércoles, 13 de agosto

Don José Hernández Pinzón y Benítez, padre de Don Juan y de Don Luis, fue "Alférez Mayor" y Regidor Perpetuo de la Ciudad de Moguer, y en 1777 obtuvo el Real Privilegio de Hidalguía y el reconocimiento oficial de ser descendiente de los descubridores de América[23].

Oigo el ruido de los muleros que han estado en una corrida de toros. Duermo profundamente.

---

23 *Aunque en sus notas Irving no es tan explícitos, los editores de esta obra han podido aclarar la trayectoria social de don José Hernández Pinzón gracias a la gentileza de uno de sus actuales descendientes.*

Wednesday, August 13

Miércoles, 13 de agosto

Thursday, August 14

It was a cool breezy day. In the morning I visited again the church of Santa Clara with Don Juan.

Later on, chance gave me the opportunity of seeing something of the interior of most of the households of the Pinzons. Having a curiosity to visit the remains of a Moorish castle, once the citadel of Moguer, Don Juan undertook to show me a tower which served as a magazine of wine to one of the Pinzon family. In seeking for the key, we were sent from house to house of nearly the whole connection. All appear to be living in that golden mean equally removed from the wants and superfluities of life and all to be happily interwoven by kind and cordial habits of intimacy.

We found the females of the family generally seated in the patios, or central courts of their dwellings, beneath the shade of awnings, and among shrubs and flowers. Here the Andalusian ladies are accustomed to pass their mornings at work, surrounded by their handmaids, in the primitive or rather oriental style.

In the porches of some of the houses I observed

Jueves, 14 de agosto

Amaneció un día frío y con viento. Por la mañana visité de nuevo la iglesia de Santa Clara con Don Juan.

Después tuve la oportunidad de ver el interior de casi todas las casas de los miembros de la familia Pinzón. Al manifestar mi deseo de conocer los restos del castillo moro, en otro tiempo la ciudadela de Moguer, Don Juan se empeñó en enseñarme una torre de dicho castillo que utilizó como bodega uno de sus familiares, y mientras buscábamos la llave de la misma fuimos de casa en casa visitando a la mayoría de sus parientes. Parece que todos viven de forma tranquila, alejados por igual de los agobios y frivolidades de la vida. Una felicidad entretejida por el afecto y cordialidad de sus relaciones familiares.

Casi siempre nos encontrábamos a las mujeres de la familia en los "patios" o claustro central de sus casas, sentadas entres flores y plantas, bajo la sombra de los toldos. Aquí en Andalucía, las mujeres tienen la costumbre de pasar las mañanas haciendo labores, rodeadas de sus Doncellas, en el más primitivo o, mejor dicho, estilo oriental.

En la entrada de algunas de las casas vi colgada una

Thursday, August 14

the coat of arms granted to the family by Charles the Fifth, hung up like a picture in a frame. Over the door of Don Luis, the naval officer, it was carved on an escutcheon of stone, and colored. **In the coast of arms given to the Pinzons there are three armed caravels on the sea, from each a hand pointing out first land discovered, and per "orla" of the said shield "unas áncoras y unos corazones".**

In these days I have gathered many particulars of the family also from the conversation with Don Juan and from the family legend lent me by Don Luis. From all that I could learn, it would appear that the lapse of nearly three centuries and a half has made but little change in the conditions of the Pinzons. From generation to generation they have retained the same fair standing and reputable name throughout the neighbourhood, filling offices of public trust and dignity and possessing great influence over their fellow-citizens by their good sense and good conduct. How rare is it to see such an instance of stability of fortune in this fluctuating world and how truly honorable is the hereditary respectability, which has been secured by no titles or entails, but perpetuated merely by the innate worth of the race! The most illustrious descents of mere titled rank

lámina enmarcada con el escudo de armas otorgado por Carlos V a la familia. Sobre la puerta de la casa de Don Luis, el oficial de la Marina, está el mismo escudo pero grabado en estuco y coloreado. ***En dicho emblema de los Pinzones se ven tres carabelas en el mar, con una mano en cada una de ellas señalando la primera tierra descubierta, "orlado" todo el conjunto con "unas anclas y unos corazones".***

En estos días he recogido muchos detalles acerca de la familia de los Pinzones, sobre todo en mis conversaciones con Don Juan y en el libro que me prestó Don Luis. De todo lo que he aprendido parece claro que en los casi tres siglos y medio transcurridos, poco ha cambiado en las condiciones sociales de esta familia. De generación en generación han mantenido el mismo prestigio y buena fama entre sus vecinos, ocupando los cargos públicos de confianza y honorabilidad, y ejerciendo una gran influencia entre sus paisanos por su buen sentido y comportamiento. ¡Qué raro es ver este ejemplo de estabilidad de bien andanza en este mundo fluctuante, y qué realmente estimable es esta decencia heredada, que no está basada ni en títulos ni en mayorazgos sino perpetuada exclusivamente por la innata valía de su raza! Los más ilustres descendientes de las más altas alcurnias, nunca merecerán para mí, el mismo sincero respeto y calurosa consideración con las que he contemplado a

could never command the sincere respect and cordial regard with which I contemplated this stanch and enduring family, which for three centuries and a half has stood merely its virtues.

As I was to set off on my return to Seville before two o'clock, I partook of a farewell repast at the house of Don Juan, between twelve and one. **Don Juan, his son Don Rafael, a "clerigo", Señora Pinzon and her daughter and myself were present. We had some fish etc, fine fruits and delicious melons**. When finished, I took leave of his household with sincere regret.

The good old gentleman, with the courtesy or rather the cordiality of a true Spaniard, accompanied me to the posada, to see me off.

On our arrival to the posada we saw a young Spanish cavalier; he was well mounted on a dappled horse, with a white round hat, broad satin ribband and cockade, light jacket, coloured breeches with buttons-leggings, etc.

I had dispensed but little money in the posada – thanks to the hospitality of the Pinzons – yet the

esta leal y perdurable familia, que lleva tres siglos y medio manteniéndose sólo por sus valores.

Como yo debía partir para Sevilla antes de las dos, entre las doce y la una tuvimos una comida de despedida en casa de Don Juan. ***A la mesa estábamos Don Juan, su hijo Don Rafael, un "clérigo", la "Señora" Pinzón, una hija suya y yo mismo. Comimos pescado, etc., buena fruta y delicioso melones.*** *Al terminar abandoné la casa con sincero pesar.*

El anciano caballero con la cortesía o, mejor dicho, con la cordialidad de un auténtico español, me acompañó hasta la posada para verme partir.

Al llegar a la venta vimos a un joven jinete español. Estaba montando muy bien un excelente caballo tordo y ataviado con un sombrero redado y blanco, con una ancha faja satinada y una escarapela; también llevaba chaquetilla corta, pantalón de color abotonado, polainas. etc.

Aunque había gastado muy poco dinero en la posada, gracias a la hospitalidad de los Pinzones, el orgullo español de mi posadero y posadera, parecía satisfecho por el hecho

Thursday, August 14

Spanish pride of my host and hostess seemed to be pleased that I had preferred their humble chamber and the scanty bed they had provided me to the spacious mansion of Don Juan; and when I expressed my thanks for their kindness and attention, and regaled mine host with a few choice cigars, the heart of the poor man was overcome. He seized me by both hands and gave me a parting benediction and then ran after the calasero, to enjoin him to take particular care of me during my journey.

Taking a hearty leave of my excellent friend Don Juan, who had been unremitting in his attentions to me to the last moment, I now set off on my wayfaring, gratified to the utmost with my visit, and full of kind and grateful feelings towards Moguer and its hospitable inhabitants.

During the ride the day turned cool and pleasant, not so disagreeable as in the morning. Near Niebla we saw a flock of bustards and after we passed by the old Moorish town of La Palma[24].

24 This village lies at 20,5 miles from Moguer.

de que yo hubiera preferido la humilde habitación y el exiguo lecho que ellos me habían proporcionado, a la espaciosa mansión de Don Juan. Cuando les agradecí sus amabilidades y atenciones, y le di al posadero unos cuantos de mis cigarros preferidos, el corazón del pobre hombre parecía que le iba a estallar. Me sujetó con ambas manos y me dio su bendición de despedida, yéndose a continuación hasta el "calesero" para encargarle que tuviera especial cuidado de mí durante el viaje.

Me despedí calurosamente de mi buen amigo Don Juan quien no había remitido sus atenciones hacia mí hasta el último momento, e inicié mi viaje de vuelta sumamente satisfecho de mi visita y lleno de amables y agradecidos sentimientos hacia Moguer y sus hospitalarios habitantes.

Durante el camino el día se puso fresco y agradable, no tan desapacible como había amanecido. Cerca de Niebla vimos una bandada de avutardas y al rato pasamos por la antigua ciudad mora de La Palma[24].

24 *Este pueblo se encuentra a una distancia de 33 km. de Moguer.*

We put up about eight o'clock at Villalba[25]. Two men keep the posada apparently well.

There I bought a leveret from a boy for a half "peseta"[26]; even though the calasero is about to beat it about his head for its dearness, during negotiation.

At the inn I meet with a young Spaniard of good countenance, though full of care. He talks very freely and speaks of the lamentable state of Spain. He says he wishes to go to America. We sup together of a gaspacho and a ragout made of the leveret and a rabbit he had purchased. The conversation turns about bull fights, robbers and "contrabandistas". He informs me that all the people on this side of Seville incline to smuggling and that all on the other side towards Córdoba, etc., incline to robbery. The calasero thinks it is impossible to cure them, because they do it from

25 This village lies at 24,8 miles from Moguer. See note 13.

26 Half peseta in 1828 had approximately the same purchasing power that US$ 1,8 in 2012.

Jueves, 14 de agosto

Alrededor de las ocho de la tarde llegamos a la posada de Villalba[25], la cual estaba bien atendida por dos hombres.

En ella le compré un lebrato a un muchacho por media "peseta"[26] a pesar de que en medio de la negociación, el "calesero" estuvo a punto de tirárselo a la cabeza por caro.

En la venta coincido con un joven español de agradables semblante pero muy pesimista. Gran conversador, habló del lamentable estado de España y me dijo que su deseo era irse a América. Cenamos juntos un "gazpacho" y un guiso hecho con mi lebrato y un conejo que él había comprado. La conversación versó sobre corridas de toros, bandoleros y "contrabandistas". Me cuenta que de Sevilla para acá la gente se dedica al contrabando mientras que en el otro lado hacia Córdoba, etc. prefieren el bandolerismo. Según el "calesero" es imposible erradicar ese problema porque esos hombres se dedican a

25 *Este pueblo se encuentra situado a 40 km. de Moguer. Ver nota 13.*

26 *Media peseta en 1828 tenía aproximadamente el mismo poder adquisitivo que 1,5 en 2012.*

choice.

I sleep in the same room with the young Spaniard, on a mattress on the floor. An old man coughing keeps me awake for a while. The cosarios set off at three o'clock, after saying mass while the bell of the priest keeps ringing.

ello por su gusto.

Sobre un colchón en el suelo, duermo en la misma habitación que el joven español. Un viejo tosiendo me mantiene despierto durante un rato. Los "cosarios" se van a las tres de la mañana después de haber oído misa, mientras la campana del cura sigue sonando.

Thursday, August 14

Jueves, 14 de agosto

Friday, August 15

Once the calassero has returned from the mass, we resume our route. We pass through... and at nine o'clock stop at St. Lucar[27].

This town is situated on the crest of a hill and commands a wide view over a country covered with olives. The posada is tolerable and we have breakfast in it. After breakfast, the landlady and her handmaid, a young woman stout and good looking, take their seats in the arcade under the patio; a neighbour comes in with her work and takes her seat with them. The conversation accidentally turns upon bull fights, the comparative merits of bullfighters, etc, ; until the merits of the bulls of their respective villages are discussed. They immediately become inflamed; the landlady and the servant are of Olivares[28] while the visitor is of St. Lucar; they start saying violent words and making gesticulations. Those

---

27 Sanlúcar la Mayor lies at 15.5 miles from Villalba del Álcor and 12,5 miles from Seville.

28 The village of Olivares is located at 3,7 miles from Sanlúcar la Mayor.

Viernes, 15 de agosto

Una vez que el calesero hubo vuelto de misa, reanudamos el viaje. Pasamos por... Y a las nueve paramos en Sanlúcar[27].

El pueblo está situado sobre una colina desde la cual se divisa un amplio paisaje lleno de olivos. La posada es pasable y en ella desayunamos. Después la posadera y su criada, una guapa muchacha de apretadas carnes, se sentaron bajo los arcos del "patio". Vino una vecina con su labor y se sentó con ellas. Casualmente la charla versa sobre corridas de toros. Se comparan los méritos de los toreros, etc., e incluso se discute las cualidades de los toros de sus respectivos pueblos. Inmediatamente se acaloran. Mientras que la patrona y su criada son de Olivares[28]*, la vecina es de Sanlúcar; empiezan a gesticular y a decir palabras violentas. Las de Olivares presumen que su pueblo es un Obispa-*

27 *Sanlúcar la Mayor se encuentra a una distancia de 25 km. de Villalba del Álcor y a 20 km de Sevilla.*

28 *El pueblo de Olivares se encuentra situado a 6 km. de Sanlúcar la Mayor.*

of Olivares boast that their place is a Bishopric[29], which is a hard blow upon the champion of St. Lucar, who however parries it dexterously. Those of Olivares affirm also that the people of St. Lucar are all negroes and mulattos; the heroine of St. Lucar replies that the women of Olivares are all "putas". A new burst of passion occurs. Several times they appear on the point of getting by the ears (wearing no caps to pull).

We leave St. Lucar at eleven. We drive

---

29 Olivares was never really a bishopric but something more important: a Mitred Abbey, "abbey nullius diocese", reporting directly to Rome and not to the Archbishop of Seville, up to the Concordat of 1851 by which the abbeys were suppressed.

At the request of the Count-Duke of Olivares, Favourite of Philip IV, King of Spain, in 1625 Pope Urban VII granted the status of the Mitred Abbey Chapel of St. Mary of the Snows. This chapel was founded in Olivares, ancestral village of the family, by the father of the Count – Duke, in memory of his stay in Rome as Ambassador of Spain.

The Mitred Abbot of Olivares had jurisdiction in matters ecclesiastical, civil and criminal, regardless of the Royal Court, throughout its territory which included the villages of Olivares, Albaida, Heliche, Castilleja de la Cuesta and Sanlúcar la Mayor.

do[29], lo cual es un duro golpe para la campeona de Sanlúcar que sin embargo para el envite con destreza. Las de Olivares atacan de nuevo afirmando que en Sanlúcar todo el mundo es negro o mulato; a su vez, la heroína sanluqueña replica diciendo que las mujeres de Olivares son todas putas. Nuevo estallido de pasión. En varios momentos han estado a punto de cogerse de las orejas (no llevan cofias de dónde cogerse).

Dejamos Sanlúcar a las once. Durante tres horas condujimos la calesa por el borde del arre-

---

29 *Realmente Olivares nunca fue un Obispado sino algo más importante: una Abadía Mitrada, "abadia nullius diocésis", dependiente directamente de Roma y no del Arzobispado de Sevilla, hasta el Concordato de 1851 por el cual se suprimieron las Abadías.*

A petición del Conde-Duque de Olivares, Válido de Felipe IV, Rey de España, en 1625 el Papa Urbano VII le concedió el estatus de Abadía Mitrada a la Capilla de Santa María de la Nieves. Esta capilla había sido fundada en Olivares, pueblo solariego de la familia, por el padre del Conde – Duque en recuerdo de su estancia en Roma como Embajador de España.

El Abad Mitrado de Olivares tenía jurisdicción en asuntos eclesiásticos, civiles y criminales, independiente de la Justicia Real, en todo su territorio que incluía los pueblos de Olivares, Albaida, Heliche, Castilleja de la Cuesta y Sanlúcar la Mayor.

during three leagues over the arecife with a wide view over the Campanía of the Guadalquivir and the mountains of Ronda in the distance. This morning early, I saw the mountains of Ronda Like a fine blue cloud, twenty-four leagues distant[30].

30 Approximately 80 miles.

cife desde el cual se contempla toda la campiña del Guadalquivir con las montañas de Ronda a lo lejos. Esta mañana temprano, vi estas montañas como si fueran una difusa nube azulada, a veinticuatro leguas de distancia[30].

---

30 *Aproximadamente 130 Kilómetros.*

Friday, August 15

Viernes, 15 de agosto

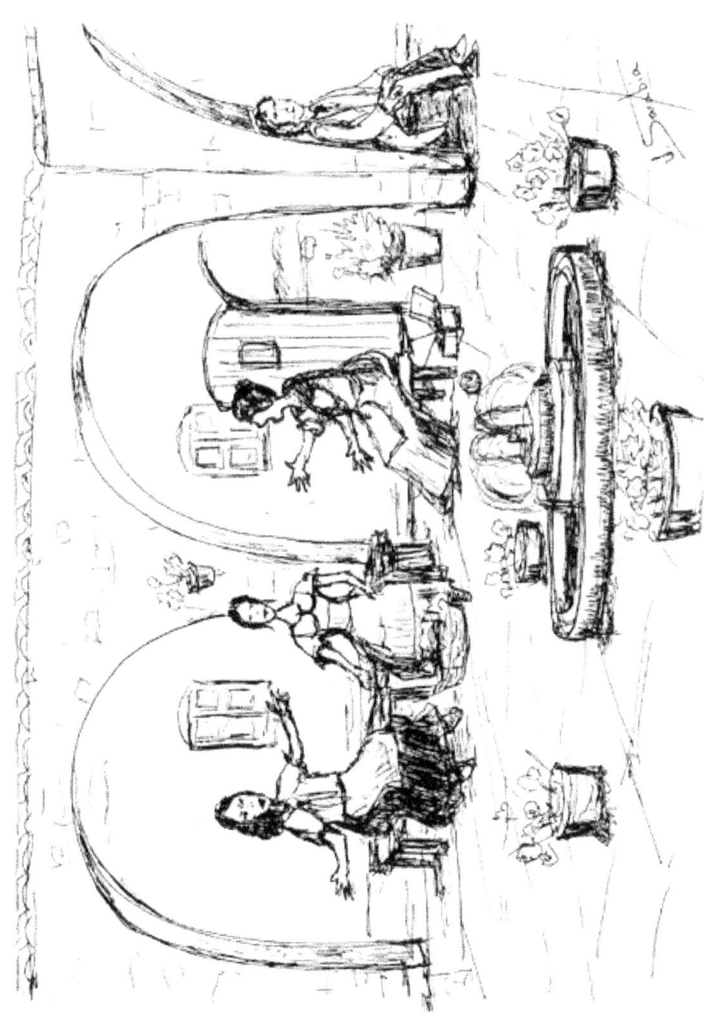

Friday, August 15

I arrived at Seville at half past two. I paid 15 dollars for the calesa and gave 2 more to calasero[31], who is highly pleased, because I had paid for keeping of himself and his horse during the journey – which was not included in the bargain.

I find letters from McCall and Burton at Mr. Walsh's, the English Consul. After taking a nap at Mrs. Stalker's[32], I walk to the Casa Cera[33]. There I find Mr. and Mrs. Wetherell

31 Two duros in 1828 had approximately the same purchasing power that US$ 35 in 2012.

32 This boarding house "Fonda de los Americanos" was probably located in the present edifice of the "Casa de la Contratación", in the square of the same name; the edifice at that time was hired in different apartments.

33 Casa Cera, or more exactly Casa de la Cera, was a country house, today disappeared which belonged to the Wetherells. In the city plane of Seville dedicated in 1827 to the Infante Carlos María de Borbón, just a year before Washington Irving came to Seville, which still exists in the Archives of the City Hall. Its location can be perfectly seen where today is the suburb of the Plantinar.

Viernes, 15 de agosto

Llegué a Sevilla a las dos y media. Pagué los quince duros acordados por la calesa y al calesero le di dos más como propina[31], por los que se puso extremadamente contento ya que yo había corrido con los gastos de su comida y hospedaje así como con los del caballo, lo que no estaba incluido en el trato.

En casa del cónsul inglés, Mr. Walsh, me esperaban cartas de Mac Call y de Burton. Después de dormir la siesta en la fonda de Mrs. Stalkers[32], me voy dando un paseo hasta mi vivienda en la Casa Cera[33], donde me encuentro con Mr. y Mrs. Wetherell que están visitando a

---

31 *2 duros en 1828 tenía aproximadamente el mismo poder adquisitivo que 27 en 2012.*

32 *Esta casa de huéspedes, conocida como Fonda de los Americanos, estaba situada en el edificio de la Casa de la Contratación que por entonces se alquilaba por partes.*

33 *La Casa Cera o para ser más exactos, Casa de la Cera, era un cortijo, ya desaparecido, propiedad de los Wetherell. En un mapa de Sevilla de 1827, un año antes de que Irving llegara a la ciudad, que se encuentra en el Archivo Histórico Municipal, se puede situar perfectamente su emplazamiento, que coincide con la actual barriada del Plantinar.*

Friday, August 15

who are paying a visit to my friend Mr. Hall[34].

34 Washington Irving had met Mr. Hall in the boarding house of Mrs. Stalker a couple of months earlier. The immediately became good friends and decided to live in the same house in Seville.

mi amigo Mr. Hall*[34]*.

34 *Irving había conocido a Mr. Hall en la fonda de Mrs. Stalker un par de meses antes. Rápidamente congeniaron y decidieron compartir su residencia en Sevilla.*

www.ingramcontent.com/pod-product-compliance
Ingram Content Group UK Ltd.
Pitfield, Milton Keynes, MK11 3LW, UK
UKHW021653190726
13853UKWH00001B/232

9 788439 836131